알트코인으로
졸업합니다

에어드랍으로 1억 시드 만들기

알트코인으로 졸업합니다
에어드랍으로 1억 시드 만들기

김동환 지음

국일증권경제연구소

머리말

1억 시드를 마련하는 가장 빠른 방법

최근 투자 시장에서는 '졸업'이라는 단어가 유행하고 있다. 사회 초년생이나 학생 등 젊은 투자자들이 '경제 활동을 졸업한다'는 의미로 사용하기 시작한 신조어다. 어쩔 수 없이 다니는 직장과 투자라는 지난한 여정에서 탈출하여, 가고 싶은 여행지에 가고 먹고 싶은 것들을 먹고 사고 싶은 것들을 사고 본인이 진정 원하는 일을 하면서 자유롭게 시간을 활용할 수 있을 정도의 자산을 확보한 상태를 졸업을 했다고 이야기한다. 사실상 '경제적 자유'와 거의 동일한 의미인데, 졸업이 좀 더 친숙하고 간단한 표현이라는 점에서 자주 쓰이는 듯하다.

경제적 자유에 관한 기준은 사람마다 조금씩 차이가 있다. 경제적 자유를 얻었다는 얘기는, 평생 써도 부족함 없을 정도로 충분한 재산이나 노동에 구애받지 않아도 발생하는 수입 등의 경제적 기반이 갖춰진 상태라는 얘기다. 하지만 사람마다 자유롭게 살기 위해 얼마의 비용이 필요한지가 다르므로, 경제적 자유의 기준 또한 다를 수밖에 없다.

경제적 자유의 달성 방법은 시대에 따라 바뀌기도 한다. 과거 고도성장 시대에는 회사를 열심히 다니면서 적금만 충실히 하고 적당한 시점에 대출받아서 아파트를 사면, 시간이 지날수록 재산의 가치가 늘어나 자연스럽게 경제적 자유를 이루는 경우가 많았다. 그러나 지금 같은 저성장 시대에서는 열심히 회사를 다녀도 집을 구매하기 어려울 뿐 아니라, 구매하더라도 과거와 같은 폭발적 가치 증가를 기대할 수 없게 됐다. 고로 경제적 자유의 지름길이 막혔다고 느껴지기도 한다.

다만 오늘날에도 작은 시장이 갑자기 커지는, 고도성장의 효과를 기대할 수 있는 단 한 가지 틈새시장이 존재한다. 그것이 바로 여기 암호화폐 시장이다. 2010년대부터 형성되기 시작한 암호화폐 시장은 아직 초창기에 놓인 상태다. 혹자들은 비트코인(Bitcoin)이 전체 자산시장 순위(주식, 금 등 모든 투자자산 포함)에서 10위권 내로 들어왔기에 성장 여력이 다했다고 평하기도 한다. 그러나 암호화폐 시장은 비트코인과 수많은 '알트코인(Alt-coin, 비트코인을 제외한 다른 블록체인 기반의 자산들)'들로 이뤄져있다. 앞으로도 전체 암호화폐 시장의 상당 부분을 비트코인이 차지할 것은 변함없겠지만, 우리는 알트코인에서도 수많은 수익 기회를 찾을 수 있을 것이다.

부자들의 인터뷰를 보면, 대부분은 열심히 노력한 것도 있지만 '운이 좋았다'라는 이야기를 자주 한다. 그들이 말하는 '운'이란 무엇일까? 운은 시대적인 상황, 희소한 정보, 과감한 결단 등 여러 가지 요소로 구성되어 있다. 단순히 열심히 하는 것, 이전 세대의 방식을 따라하는 것만으로는 부자가 될 수 없다. 노력하되 무엇에 노력하는지가 더더욱 중요하다. 더 이상 발전이 없는 시장에서 열심히 하는 건 오히려 퇴보하는 지름길이다. 우리는 새롭게 떠오르고 더 큰 발전이 기대되는 시장에서 열심히 하여 기회를 잡아야 한다. 그리하여 운이 나에게 오게 할 방법을 찾는 것이 부자가 될 수 있는 유일한 길이다.

투자에는 기본적으로 많은 돈이 필요하다. 이런 이유로 투자 자체를 포기하거나 겁내는 사람들도 있다. 이 책은 단순히 당신이 힘들게 번 돈을 암호화폐 투자에 갖다 부으라고 종용하지 않는다. 그보다는 암호화폐 환경 내에서 투자 시드머니를 확보할 구체적인 방법을 제시하여, 리스크 없이 부자가 될 수 있는 길을 제시한다. 투자자로서 투자를 하면서도 동시에 다양한 생산활동으로 수익을 창출하는 게 가능하다는 것, 그것이 암호화폐 시장의 매력이기도 하다. 이 부분을 모르고 암호화폐 투자에 임한다면 그야말로 한쪽 노만 저어서 배를 움직이는 것과 같다.

시드가 작다면 결과도 작은 게 투자의 기본원리다. 아무리 수익률이 높더라도 시드가 작다면 높은 수익률은 큰 의미가 없다. 100만 원 투자해서 수익률 100%를 달성해봤자 200만 원밖에 되지 않는다. 다시 200만 원을 투자해서 수익률 100%를 올려도 400만 원이다. 계속해서 수익률 100%를 올릴 수 있다면야 좋겠지만, 기회라는 게 언제까지나 보장되는 게 아니다. 시장은 언젠가 침체기를 맞게 된다. 그러면 충분한 수익을 확보하지 못한 시점에서 그동안의 수익을 다 토해낼 정도의 손실을 입게 될 가능성이 크다.

일정 규모의 시드를 확보한 뒤에 투자를 시작하여, 몇 번의 기회를 통해서 단번에 졸업을 달성해야 한다. 100만 원으로 1,000만 원을 만드는 사람도 있고 1,000만 원으로 1억 원을 만드는 사람도 있고 1억 원으로 10억 원을 만드는 사람도 있지만, 100만 원으로 10억 원을 만드는 사람은 거의 없는 곳이 암호화폐 시장이다. 똑같은 단계를 3번 반복하면 된다고 생각하지만 문제는 각 단계마다 시장의 흐름이 바뀌고, 이전에 성공한 전략이 시드가 늘어났을 때도 성공한다는 보장이 없기 때문이다. 이전 단계에서 성공했더라도 한 번만 삐끗하면 모든 시드를 잃게 될 수도 있다. 대다수의 개인투자자들이 성공하지 못하는 이유가 바로 이런 지점 때문이다. 극소수의 재능형 투자자들을 제외하고는 졸업하는 이가 없는 이유이기도 하다.

그렇다면 우리는 적금을 깨거나, 대출을 받아 처음부터 1억 원이라는 거금을 마련해야 하는 것일까? 실패하면 인생이 나락으로 떨어질 수 있을 정도의 도박을 해야만 하는 것일까? 그렇지 않다. 다행히 암호화폐 시장에는 누구나 0원으로 시작해서 1억 원까지 시드를 키울 수 있는 아주 효율적인 방법이 존재한다. 더구나 초보 투자자들은 1억 원까지 시드를 키우는 과정에서 투자의 노하우와 암호화폐 환경에 대한 이해를 함께 늘려나갈 수 있다.

이 암호화폐 시장에는 '에어드랍(Air-drop)'이란 것이 존재한다. 에어드랍이란 암호화폐 비즈니스 과정에서 프로젝트 기여자 혹은 불특정 다수에게 코인을 지급해주는 것을 가리킨다. 에어드랍에는 코인을 지급받는 데 아무런 비용이 들지 않는 '무료 에어드랍'과 일정 금액을 투자해야만 코인을 지급받을 수 있는 '유료 에어드랍'이 있다. 만약 당신이 가용 가능한 투자 시드가 거의 없는 사회 초년생이라면 무료 에어드랍 작업을 하면서 시드를 늘려나갈 수 있다. 혹은 어느 정도 시드를 투입할 수 있는 투자자라면 무료와 유료 에어드랍 작업을 함께 하면서, 빠르게 시드를 늘려갈 수 있다. 누구나 자본 없이 시작할 수 있고, 자본이 있다면 더 빠른 속도로 자본을 늘려갈 수 있는 게 바로 에어드랍이다.

나의 경험상 적어도 1억 원 수준까지는 에어드랍 작업의 형태로 시드를 확보하는 것이 수월하다. 만약 당신이 10억~100억 원 정도의 시드를 굴리는 투자자라면 에어드랍 작업은 공연히 당신의 시간과 노동력을 빼앗는 비효율적인 활동이 될 것이다. 그렇지 않다면 에어드랍 작업은 당신에게 적은 리스크로 1억 원이라는 기본 투자금을 마련해주는 것은 물론, 투자에 실패해 시드를 잃더라도 재도전할 수 있는 기반이 되어줄 것이다. 그러므로 암호화폐 투자자라면 반드시 이 에어드랍 작업을 어떤 형태로든 해야 한다.

나 또한 처음 암호화폐에 투자할 때 시드가 하나도 없었다. 0원으로 시작해서 에어드랍으로 1억 원에 가까운 시드를 만들어냈다.

2019년에 아하토큰(Aha Token)이라는 블록체인 기반 Q&A 플랫폼에서 활동하면서 시드를 만들었다. 프로젝트 초반에 참여해서 1년 정도 꾸준히 답변 활동을 하니, 약 340만 개의 아하토큰을 무료로 에어드랍 받았다. 2021년 3월 기준 아하토큰의 가격은 32원이었고 4월 기준 38원이었으니, 3월 기준으로는 1억 원 정도였고 4월 기준으로는 1억 3,000만 원가량의 코인을 에어드랍받은 셈이다. 아래 그림은 당시 나의 거래소 계좌로 들어온 아하토큰 입금 내역이다.

▲ 필자의 아하토큰 입금 내역

지금도 블록체인으로 남겨진 트랜잭션 기록을 검색해볼 수 있다. 나는 이렇게 마련한 시드 자금을 글로벌 프로젝트인 코스모스 생태계에 스테이킹하여 추가적인 수익을 많이 올렸다. 당시 코스모스 생태계에선 스테이킹 투자자들에게 투자한 시드보다 더 큰 금액을 에어드랍으로 준 사례가 많이 있었다.

그러나 나는 한때 투자를 통해 시드를 많이 불리기도 했지만, 중간에 테라 사태를 겪으면서 2억 원 이상의 손실을 경험하기도 했다. 처음으로 겪는 큰 손실에 많이 힘들었던 기억이 난다. 하지만 그 경험으로 인해 리스크 관리의 중요성을 배우게 됐고, 결국 재기에 성공했다. 이는 무엇보다도 1억 원 정도까지는 투자가 아닌 에어드랍 작업을 통해 만회할 수 있다는 믿음이 있었기에 가능한 일이었다.

이 책에는 1억 원 이상의 에어드랍 수익과 2억 원 이상의 손실을 경험한 뒤, 다시금 재기에 성공해 수억 원의 시드를 마련한 나의 투자 노하우가 구석구석 녹여져 있다. 당신은 안정적으로 투자 시드를 키워나가는 방법과 투자 손실을 방지하는 리스크 관리에 대해서 배울 수 있을 것이다.

또한 이 책에는 기본적인 에어드랍 방법 및 효율적으로 에어드랍 작업을 돌릴 수 있는 나만의 비법이 담겨 있다. 이를 통해 당신은 기본적인 투자 시드를 빠르게 만들 수 있는 방법을 배울 수 있다.

또한 이 책은 암호화폐 시장의 전체 그림을 이해할 수 있도록 구성됐다. 처음 암호화폐에 투자하는 투자자뿐 아니라, 오랫동안 암호화폐에 투자했지만 중앙화된 거래소에서만 투자한 투자자들 모두에게 유용한 정보를 제공할 것이다.

암호화폐 시장은 빠르게 변하고 있다. 시간이 지나면 언젠가는 에어드랍으로 시드를 만드는 열차가 떠날지도 모른다. 다행히 아직은 에어드랍으로 시드를 만들고 더 큰 수익을 낼 수 있는 시장이 유효하며, 초기 단계에 속해 있다. 적어도 암호화폐 비즈니스가 우리의 일상 속으로 파고들기 전까지는 에어드랍 시장이 활황을 띨 것이다. 이 책이 당신에게 부의 열차에 올라탈 마지막 기회를 제공하길 진심으로 기원한다.

김동환

목차

머리말. 1억 시드를 마련하는 가장 빠른 방법　　　　　　　　　4

Chapter 1.
0원으로 시작하는 에어드랍

1-1. 비트코인, 하루에 5개씩 뿌렸다　　　　　　　　18
1-2. 생초보도 졸업까지 가능하다　　　　　　　　26
1-3. 무료로 시작하는 에어드랍 가이드　　　　　　　　33
1-4. 종류별로 살펴보는 에어드랍 작업　　　　　　　　43
1-5. 좋은 프로젝트를 구별하는 방법　　　　　　　　57
1-6. 실전 투자와의 연계 방법　　　　　　　　63

Chapter 2.
비트코인 불장이 돌아왔다

2-1. 4년마다 돌아오는 비트코인 불장   74
2-2. 최초의 암호화폐는 비트코인이 아니다   82
2-3. 주식과 비교할 수 없는 지속가능성   87
2-4. 반감기를 이해한 투자자만이 성공한다   91
2-5. 비트코인 도미넌스를 주시하라   97

Chapter 3.
알트코인 시장 한눈에 보기

3-1. 이제 막 시작한 알트코인 불장   104
3-2. 코인 시장을 구성하는 것들   110
3-3. 채굴자들이 이끄는 비트코인 계열   115
3-4. 수많은 디앱을 거느린 이더리움 계열   119
3-5. 각축전이 벌어지는 레이어1 시장   128
3-6. 전체 카테고리 조망하기   134

Chapter 4.
알트코인의 근본 이더리움 생태계

4-1. 장기적으로 안정적인 거래소 토큰　　　　　　　　144
4-2. 새롭게 떠오르는 유동화된 이더리움　　　　　　　150
4-3. 주요 디앱 토큰 살펴보기　　　　　　　　　　　　155
4-4. 네트워크를 연결시키는 브릿지 자산　　　　　　　163
4-5. 네트워크 효율을 올리는 레이어2 솔루션　　　　　167

Chapter 5.
이더리움에 도전하는 레이어1 체인

5-1. 밈코인 시장을 주도하는 솔라나　　　　　　　　　174
5-2. 탑티어 거래소 바이낸스의 BNB 체인　　　　　　180
5-3. 보안성과 안정성에 집중한 카르다노　　　　　　　189
5-4. 창업자의 영향력이 큰 트론 생태계　　　　　　　194
5-5. 텔레그램 커뮤니티 중심의 톤　　　　　　　　　　200
5-6. 레이어0 프로젝트 코스모스　　　　　　　　　　　207

Chapter 6.
전도유망한 코인 카테고리

6-1. 비트코인 중심의 통화 및 결제 코인 — 216
6-2. 제도권과 디지털을 잇는 스테이블코인 — 222
6-3. 트렌드를 가치화한 밈코인 — 230
6-4. 금융 혁신을 이끄는 디파이 — 236
6-5. 기술력 중심의 블록체인 인프라 · 서비스 — 242

Chapter 7.
실전! 알트코인 종목 선별

7-1. 투자할 생태계를 선정하는 방법 — 250
7-2. 프로젝트 파운더 및 락업 물량 확인 — 260
7-3. 가장 신뢰받는 지표, 디파이 TVL — 269
7-4. 알트코인 투자 시 유의사항 — 276
7-5. 알트코인 졸업자의 마인드 — 282

Chapter

0원으로 시작하는 에어드랍

1

1-1
비트코인, 하루에 5개씩 뿌렸다

　에어드랍이란 암호화폐 프로젝트 과정에서 다수를 상대로 코인을 제공하는 것을 가리킨다. '공중에서 떨어뜨린다'는 말 그대로 무작위적인 다수, 혹은 특정 조건을 만족한 불특정 다수에게 지급되는 경우가 많다.

　최초의 암호화폐 에어드랍은 2010년 개발자 가빈 안드레센(Gavin Andresen)이 비트코인을 알리기 위해서 시행한 것이다. 안드레센은 '비트코인 수도꼭지(Bitcoin Faucet)'라는 웹사이트를 개설하여, 누구든지 해당 웹사이트에서 비트코인을 요청하면 하루에 5개까지 무료로 비트코인을 얻을 수 있도록 했다. 처음에는 안드레센 본인이 채굴한 1,100 BTC를 제공했고 이후로는 비트코인 채굴자들이 기증한 1만 9,700 BTC를 웹사이트 방문자에게 무료로 제공했다. 하루에 5개까지 무료로 받을 수 있었으니, 한 달 정도 매일 에어드랍을 받았으면 최소 150개의 비트코인을 받을 수 있었다. 현재 가치로는 200억 원에 해당하는 비트코인을 무료로 얻을 기회였다.

▲ 최초의 에어드랍, 비트코인 수도꼭지 / 자료 : web.archive.org

당시에 비트코인은 사고팔 거래소가 없었고 오로지 채굴만 가능했는데, 채굴은 약간의 전문적인 지식이 필요했으므로 접근성이 떨어졌다. 때문에 사람들은 비트코인에 대해서 잘 알지 못했다. 이런 가운데 안드레센의 에어드랍은 그 자체로 비트코인이 더 많이 알려지는 계기가 되었다. 누구나 홈페이지에 방문하여 클릭 한 번 해서 비트코인을 얻을 수 있게 하니, 대중이 비트코인에 접근할 수 있는 통로가 넓어진 것이다. 이처럼 초기 비트코인 채굴자들은 비트코인을 사람들에게 알리기 위해 무료로 수익을 주는 프로젝트를 벌였다.

이후 비트코인 외에도 블록체인(Blockchain) 기반의 다양한 코인들이 출시되었다. 비트코인을 제외한 모든 코인을 '알트코인'이라고 이야기한다. 영어로는 'Alternative Coin(대안 코인)'의 축약으로, 비트코인이 가지고 있는 어떤 한계점을 개선한 코인이라는 뜻이다. '이더리움(Ethereum)'을 비롯한 수많은 알트코인들은 저마다의 강점과 특색을 지니고 있는데, 그럼에도 불구하고 비트코인은 여전히 압도적인 시장 점유율 1위 자리를 지키고 있다.

비트코인은 최초의 암호화폐이기 때문에 시장에 어느 정도 인식이 된 이후로는, 사람들이 자발적으로 비트코인을 채굴하고 시장에서 거래하게 되었다. 누가 홍보하지 않아도 자연스럽게 유통이 되고 있는 것이다. 반면에 신생 알트코인들의 경우 해당 프로젝트를 사람들에게 알리기 위해 활발한 홍보 사업을 벌여야만 한다. 이 과정에서 비트코인이 그랬던 것처럼 에어드랍이 진행되는 경우가 많다.

에어드랍을 수행하는 목적에는 다양한 것들이 있지만, 일반적으로 새롭게 시작하는 프로젝트를 사람들에게 알리기 위해 에어드랍을 하는 경우가 제일 많다. 사람들이 아직 해당 프로젝트를 잘 모르고 프로젝트 초기 단계라 서비스가 충분히 개발되지 않아 사람들에게 줄 수 있는 효용이 없을 경우, 에어드랍은 예비고객들을 유인할 거의 유일한 수단이라고 할 수 있다. 사람들을 특정 홍보 활동에 참여시킨 뒤 보상의 형태로 에어드랍을 하기도 하고, 에어드랍에서 발생하는 수익 자체가 사람들의 이목과 흥미를 끄는 홍보 효과를 내기도 한다.

에어드랍을 받는 조건에는 다양한 형태가 존재한다. 우선 투자금이 필요한 경우와 아닌 경우로 나눠볼 수 있다. 별다른 투자 없이 무료로 에어드랍을 주는 경우도 있고 내 돈을 투자해서 특정 암호화폐를 가지고 있는 경우에만 에어드랍을 주는 경우도 있다.

무료 에어드랍은 해당 프로젝트가 성공적으로 시장에 출시되기까지 도움을 준 사용자들에게 보상으로 지급되는 경우가 많다. 여기에는 SNS 활동을 통해서 해당 프로젝트의 존재를 사람들에게 알리거나, 프로젝트의 문제점을 발견하여 제보하는 등 프로젝트가 발전하는 데 도움을 주는 모든 활동이 포함된다. 돈을 투입하지는 않지만 어느 정도의 시간과 노력을 들여 생산활동을 한 이들에게 지급되는 것이다. 주식회사가 초기 기여자 및 투자자들과 자신의 지분을 나누듯이, 에어드랍을 통해 해당 암호화폐 비즈니스에 대한 지분을 나누는 것이다.

최근 런칭되는 프로젝트들 중에는 이러한 에어드랍에 사용될 물량이 '토큰이코노미(Token Economy)'에 계획된 상태에서 출시되는 경우가 많다. 토큰이코노미란 해당 암호화폐의 분배 계획인데, 일반적으로 프로젝트를 개발한 개발팀과 초기 투자자들이 보유할 락업 물량, 각종 홍보에 활용되는 커뮤니티 물량 그리고 시장에서 일반 투자자들에 의해 거래되는 유통 물량 등으로 구성된다. 대다수 프로젝트는 개발팀과 초기 투자자들에게 많은 물량을 배정하고 있지만, 일부 프로젝트는 원활한 홍보를 수행하기 위해 커뮤니티 물량에 많은 부분을 할당하기도 한다.

2024년 하반기 출시한, 톤(Ton) 생태계 프로젝트인 NOT 코인이 이 경우에 해당한다. NOT 코인은 채팅 애플리케이션 텔레그램(Telegram)에서 메신저봇(Messenger Bot) 형태로 출시되었는데, 단순히 클릭만 해도 사용자들에게 NOT을 할당해줬다. 개발자들은 '의미 없는 코인이니 기대하지 말라'는 의미로 NOT이라는 이름을 지었다 밝혔는데, 실제로 토큰이 출시되기 전까지 해당 프로젝트의 토큰 이코노미와 방향성은 알려지지 않았다. 그러나 NOT 코인은 클릭만 해도 코인을 받을 수 있다는 점에서 흥미를 끌었고, 많은 사용자들이 몰려와 게임을 하듯이 NOT 코인을 클릭하면서 포인트를 모았다.

결론적으로 NOT 코인은 토큰이노코미 공개와 함께 메이저 거래소들에 동시 상장이 진행되었다. NOT 코인의 토큰이코노미를 보니 개발팀은 오직 5%만 보유하게 되어있었고 나머지는 거의 커뮤니티 물량으로 할당되었다. 그저 텔레그램 봇에서 클릭을 하면서 NOT 포인트를 모은 사용자들에게 전체 물량의 78%가 에어드랍된 것이다.

나머지 물량 중 3%는 유력 암호화폐 거래소인 바이낸스(Binance)의 런치풀(Launchpool, 신규 암호화폐가 안정적으로 런칭되도록 사용자들을 연계하는 플랫폼)을 통해서 에어드랍됐고, 9%는 생태계 펀드 기금으로 할당되었다. 마지막 5%는 커뮤니티 인센티브로 배정되었다. 사실상 개발팀 5%의 물량 이외에 95%의 물량이 모두 에어드랍 격으로 일반 사용자들에게 배분이 된 것이다.

다음 그림은 바이낸스 리포트에 제시된 NOT 코인의 토큰이코노미다. 'Development'라고 적힌 개발팀 물량이 전체의 5%인 것을 확인할 수 있다. NOT 코인처럼 대부분의 물량을 사용자들에게 에어드랍해주는 경우가 많지는 않다. 하지만 대부분의 코인들이 상당한 물량을 에어드랍에 할당하고 있는 것은 사실이다. 즉, 직접 돈을 투자하지 않고도 코인을 얻을 수 있는 다양한 기회가 존재하는 것이다.

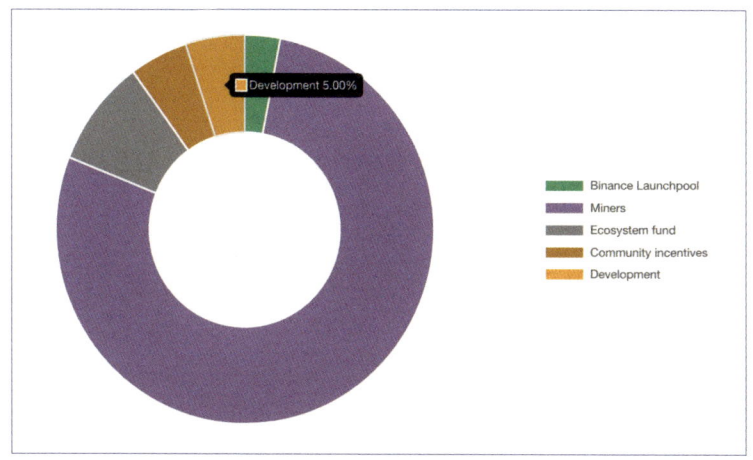

▲ NOT 코인의 토큰이코노미 / 자료 : 바이낸스 리포트

전략적으로 신규 프로젝트들의 커뮤니티 물량을 배분받는 에어드랍 작업을 진행하면 1년에 1억 원 정도에 해당하는 수익을 얻을 수 있다. 이는 생각보다 어려운 일이 아니다. 물론 본업이 있는 등 모두가 하루 종일 시간을 낼 수 있는 건 아니므로, 반드시 1억 원을 번다고 보장할 수는 없다. 그러나 정말로 당신이 시간적 여유가 있어서 에어드랍 작업에만 집중한다면, 1년에 1억 원 정도의 에어드랍을 받는 건 충분히 가능한 일임에 분명하다.

대부분의 직장인들은 자신의 시간과 에너지를 에어드랍 작업에

온전히 투입할 수 없다. 그래도 매일 1시간씩만 에어드랍 작업을 하면서 암호화폐 생태계를 공부해 나간다면, 한 달에 100만 원은 누구나 할 수 있다. 그렇게 꾸준히 에어드랍 작업을 수행하여 무료로 할 수 있는 에어드랍은 물론이고 유료로 하는 에어드랍까지 섭렵한다면 1년에 최소 1,000만 원에서 많으면 1억 원까지도 가능하다.

에어드랍으로 수익이 생기는 것도 중요하지만 무엇보다 가장 중요한 건 에어드랍 작업을 통해서 암호화폐 생태계에 대해 깊이 있게 이해할 수 있게 된다는 점이다. 그리고 빠르게 변하는 암호화폐 생태계의 트렌드를 누구보다도 빨리 파악할 수 있게 된다는 점이다.

암호화폐는 주식이나 부동산 혹은 기타 투자자산과 달리, 매우 초기 단계의 시장이고 정보의 비대칭성이 심하다. 또한 전 세계적으로 정보가 퍼지면서 가격 반응이 빠르게 오기에 추세의 힘이 강력하다. 긍정적인 움직임은 물론 부정적인 움직임 또한 빠르게 나타났다가 사라진다. 하나의 트렌드도 오래가질 못해, 1년에 수많은 트렌드가 생겼다가 사라지는 걸 반복한다. 어제의 최고급 정보가 오늘은 찌라시가 되는 게 암호화폐 시장이다. 그러다 보니 암호화폐 투자법에 대해 괜찮은 유료 강의를 듣더라도 시간이 지나면 그 가치가 금방 사라진다. 암호화폐 투자가 어려운 이유이기도 하다.

이런 암호화폐 시장이기에 가장 빠르게 최신 정보를 파악할 수 있고 가장 빠르게 트렌드를 캐치할 수 있는 에어드랍 작업은 필수적이다. 당신은 에어드랍 작업 과정에서 실제 토큰을 받고 그걸 팔아 수익을 실현할 수도 있지만, 에어드랍 작업 중에 괜찮은 프로젝트를 조기에 선별한 뒤 누구보다 먼저 투자해서 더 큰 수익을 올릴 수도 있다. 에어드랍의 선순환 구조인 셈이다.

생초보도
졸업까지 가능하다

에어드랍으로 졸업할 수 있을까? 즉, 우리의 인생을 바꿀 정도로 큰 수익을 낼 수 있을까? 결론부터 말하자면 가능하다. 지금도 암호화폐 투자 시장에서는 수많은 에어드랍 졸업자들이 탄생하고 있으며 앞으로도 계속해서 탄생할 것이다.

사실 최초의 에어드랍 졸업자는 비트코인 채굴자들이었다. 비트코인은 채굴을 통해서 시스템이 유지된다. 현재의 비트코인 채굴은 고성능의 장비와 막대한 전기가 필요하기에 사업체의 형태로 유지되고 있으나, 초기의 비트코인은 채굴에 비용이 거의 들지 않았다. 집에서 쓰지 않는 PC를 활용해서도 엄청난 양의 비트코인을 채굴할 수 있었던 것이다.

맨 처음 비트코인은 채굴 보상으로 10분당 50개씩 발행됐다. 어느 정도 채굴자들이 생긴 뒤에도 하루 종일 PC를 켜놓고 비트코인 채굴 프로그램을 돌리면 최소 50개의 비트코인은 채굴이 가능했다. 한 달이면 1,500개의 비트코인을 채굴할 수 있었고 1년이면 대략 1만 5,000개의 비트코인을 채굴할 수 있었다. 현재 가치로 2조 원이 넘는 비트코인을 PC로 채굴할 수 있었던 것이다. 그렇게 비트코인을 채굴하는 데 들어가는 비용은 전기세 2~3만 원 정도뿐이었다. 현존하는 암호화폐 중 가장 신뢰받고 가장 인기가 많은 비트코인을, 초기에는 에어드랍의 형태로 받을 수 있었던 것이다.

즉, 우리는 암호화폐의 탄생 기원에서부터 에어드랍을 찾을 수 있는 것이다. 비트코인을 포함한 모든 암호화폐 생태계의 근원에는 에어드랍이 있다. 왜냐하면 블록체인의 핵심 모토인 탈중앙화 환경의 핵심 원리는 자율적인 참여이고, 자율적인 참여를 이끄는 원동력이 인센티브 시스템이기 때문이다. 보상이 없다면 그 누구도 자신의 시간과 에너지를 써서 자율적으로 참여하지 않을 것이다.

암호화폐 생태계가 사용자들의 자율적인 참여를 필요로 하는 한, 에어드랍 시스템은 계속 유지될 것이다. 그러나 시간이 지나며 에어드랍에 참여하는 사람이 많아지고 참여 방식이 간편해지면, 에어드랍만으로 큰 성과를 낼 수 있는 시기는 막을 내릴 것이다.

우리나라 부동산 시장 또한 초기 개발기 시절에는 적은 자본으로 시작해 큰 부를 이룬 부동산 자산가들이 많았다. 그 당시에는 약간의 돈과 정보력만 있으면 상당한 부를 쌓을 수 있었다. 하지만 이제는 그런 기회가 사라졌다. 부동산은 더 이상 기회의 장이 아니라, 그간 다양한 방법으로 축적한 자산을 비교적 안정적으로 보유하며 적당한 수익을 창출할 수 있는 안전자산 형태로 바뀌었다.

암호화폐 에어드랍 시장은 마치 강남이 발전하기 전에 저렴하게 땅을 매입했던 시기와 같다. 당시 정보력이 부족하고 미래 가치가 불확실했던 땅에 투자한 사람들이 결국 막대한 부를 손에 쥐었다. 현재 에어드랍 시장도 마찬가지다. 정보의 비대칭성이 크고, 어떤 프로젝트가 성공할지 예측하기 어려운 초기 단계다. 아직 건물이 올라오지 않은 빈 땅처럼 눈에 보이는 성과는 없지만, 투자는 현재가 아닌 미래를 보고 결정하는 것이다. 에어드랍 작업 또한 대부분 프로젝트가 완성되기 전에 진행되므로, 믿음과 도전정신이 필수적이다.

▲ 2024년 월별 주요 에어드랍 코인 리스트 / 자료 : andrew.moh 트위터

위 그림은 2024년 한 해 동안 진행된 월별 주요 암호화폐 에어드랍 리스트다. 2024년에는 수많은 에어드랍이 있었지만, 그중에서도 특히 주목할 만한 사례를 정리했다. 일부 에어드랍에서는 최소 1억

원에서 많게는 10억 원 이상을 받은 유저들도 있었다. 만약 모든 에어드랍 작업을 철저히 수행했다면, 경제적 졸업도 가능했을 한 해였다. 졸업의 기준은 개인마다 다르겠지만, 최대 50억 원을 기준으로 보더라도 충분히 현실적인 목표였음을 알 수 있다. 대부분의 에어드랍 보상은 적게는 100만~1,000만 원 수준이었지만, 일부는 1억~10억 원 이상을 지급한 경우도 적지 않았다.

누군가가 너무나 쉽게 많은 돈을 '투자'로 벌 수 있는 방법이 있다고 말한다면, 그건 아마도 사기일 확률이 높다. 에어드랍도 그런 것 같은가? 그러나 에어드랍은 기본적으로 투자가 아니다. 투자가 가미되는 에어드랍도 있지만, 투자 없는 에어드랍만으로도 상당한 수익을 얻을 수 있다. 투자한 돈이 없는데 어떻게 사기가 되겠는가? 지금 시점에서 암호화폐 에어드랍만큼 누구나 쉽고 빠르게 돈을 벌 수 있는 방법은 찾기 쉽지 않다. 누군가에게는 이걸 직업적으로 하는 것도 괜찮은 선택이 될 것이다.

특히 무료 에어드랍은 금전적 비용이 거의 들지 않기 때문에, 초보자가 암호화폐 시장을 이해하며 초기 시드를 모으기에 적합하다. 리스크 없이 암호화폐 생태계를 가장 빠르게 익히는 방법 중 하나다. 무료 에어드랍도 꾸준히 참여하고 노하우를 쌓으면 연간 1억 원 이상이 수익을 기대할 수 있다. 그만큼 많은 경험과 노하우가 필요하겠지만 말이다.

무료로 에어드랍 작업을 수행해도 꽤 높은 이익을 얻을 수 있지만 졸업에는 한계가 있다. 졸업을 위해서는 어느 정도 시드가 투자

되어야 한다. 무료로 하는 에어드랍으로 받을 수 있는 최대 금액이 1억 원이라면 시드가 투입되는 에어드랍은 100억 원까지도 가능하다. 물론 투자가 어느 정도 이루어지기 때문에 자산 손실의 리스크는 존재한다. 그럼에도 일반적인 암호화폐 투자보다는 리스크가 꽤 적은 편이다.

유료 에어드랍을 통해 손실을 보든 이익을 보든 우리가 투자하는 시점은 프로젝트의 극초기 상태다. 완전한 스캠 프로젝트가 아닌 이상, 우리가 진입한 시점이 고점일 확률은 낮다. 괜찮은 프로젝트에 투자해도, 고점에 물려 손실을 볼 수 있는 일반적인 코인 투자보다는 난이도가 낮다고 볼 수 있다. 또한 유료 에어드랍은 대부분 투자 금액의 상한이 있기에 분산 투자로 진행된다는 점에서 자연스럽게 리스크 관리가 이뤄지게 된다.

투자자의 상황에 따라 다를 수 있지만 가능하면 무료로 할 수 있는 에어드랍 작업과 유료로 할 수 있는 에어드랍 작업 두 개 다 병행하는 것이 좋다. 두 가지 에어드랍은 리스크와 수익 외에도 여러 면에서 약간씩 차이가 있으므로 둘 다 경험하는 게 암호화폐 생태계 전반을 이해하는 데 도움이 된다. 처음에 시드가 전혀 없다면 무료로 하는 에어드랍 작업만 하면서 수익을 내자. 그렇게 얻은 수익을 현금화하지 않고 시드로 활용해서 유료 에어드랍 작업에 투자하면 된다. 바로 투자할 수 있는 시드가 있다면 유료 에어드랍도 병행하면서 암호화폐 생태계를 이해하며 시드를 조금씩 늘려가면 된다.

하루아침에 큰 결과를 얻어낼 순 없다. 무료와 유료로 할 수 있는 에어드랍 작업을 꾸준히 진행하면 시간이 흐르면서 점차 시드가 늘어나 있는 걸 확인할 수 있다. 중요한 건 꾸준히 에어드랍 작업을 하는 것이다. 또한 수익을 최대한 현금화하지 않고 암호화폐 시장 내에서 재투자하는 것이 중요하다. 시장 상황에 따라서는 자금을 어느 정도 정리해야 하는 순간이 있을 수 있지만, 장기적인 관점에서 수익을 계속해서 재투자하면 시간이 지나면서 투자 금액이 꽤 커져있는 걸 확인할 수 있다. 그러한 경향을 유지하면 졸업까지 가능한 시기도 오게 된다.

가장 중요한 것은 '에어드랍만으로도 졸업이 가능하다'는 믿음과 함께 지속적인 노력, 철저한 자금 관리, 정보 채널의 확대 그리고 자신만의 인사이트 정립을 지속하는 것이다. 이러한 요소들이 맞물릴 때 상위 1%만이 이루는 졸업을 현실로 만들 수 있다. 처음에는 가이드나 정보를 참고하며 따라가지만 시간이 지나면서 점차 본인만의 노하우가 쌓이고 암호화폐 시장을 보는 안목이 길러진다. 시드머니가 커진 시점에서 보다 큰 투자를 진행하기 위해서는 미리미리 경험을 쌓아둘 필요가 있다.

이 책은 에어드랍으로 졸업하기 위한 기본적인 안내 지도다. 그러나 실제로도 지도에 놓인 길을 가다 보면 여러 가지 장애물에 부딪히게 된다. 공사 중인 곳도 있고 차가 막히기도 하고 갑작스러운 사고를 당할 수도 있디. 하지만 그런 경험늘이 쌓이고 그것을 극복해 내는 과정을 반복하다 보면 본인만의 지름길을 찾게 된다. 아마도 그 길은 내비게이션이 알려주는 길보다 더 좋은 길일 확률이 높다.

이 책에서 다루는 무료 에어드랍 작업부터 시작해 유료 에어드랍으로 확장하는 과정을 따라가다 보면, 자연스럽게 암호화폐 생태계의 원리를 이해하게 된다. 그러면 결국 프로젝트 팀들의 전략과 의도를 읽을 수 있는 수준에까지 도달하게 된다. 또한 자신에게 가장 적합한 투자 방법을 찾게 된다. 이렇게 터득한 투자 전략을 활용해 무료 및 유료 에어드랍을 병행하고, 동시에 실제 암호화폐 투자까지 진행하다 보면, 어느 순간 졸업의 문턱에 다다른 자신을 발견하게 될 것이다.

누구나 에어드랍으로 졸업이 가능하지만 아무나 할 수 있는 건 아니다. 결국은 스스로의 방법을 찾아온 자들만이 졸업이라는 행복한 결과를 얻게 될 것이다. 이 책에서 소개하고 있는 방법과 기본 가이드를 잘 활용해서 많은 졸업자들이 탄생되기를 간절히 바란다.

무료로 시작하는 에어드랍 가이드

1-3

무료로 할 수 있는 에어드랍 작업의 경우에는 투자금이 들어가지 않는 만큼 리스크가 없으므로 어떤 방식으로 도전해도 이익은 볼지언정 손해는 보지 않는다.

주식시장에서 리스크 없이 투자를 한다고 하면 모의투자 외에는 없다. 그러나 모의투자는 아무리 열심히 하더라도 실제 수익이 발생하진 않는다. 그런데 암호화폐 시장의 무료 에어드랍 작업은 아무런 리스크도 없으면서 실제로 수익이 발생하고, 동시에 암호화폐 시장에 대한 이해도도 넓어진다.

암호화폐 시장에는 다양한 프로젝트들이 계속해서 출시되고 있다. 대부분은 글로벌 각지에서 발생하는 프로젝트이고 이제 막 시작한 프로젝트라서 정보를 찾는 것이 쉽지 않다. 그러므로 무료 에어드랍 작업을 하기 위해서는 다양한 프로젝트들이 정리된 사이트를 선별하는 것이 중요하다. 가장 추천하는 에어드랍 프로젝트 리스트는 '크립토랭크(Cryptorank)'다.

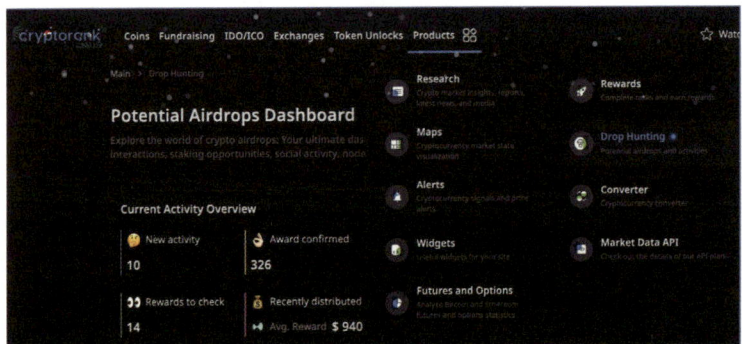

▲ 크립토랭크의 에어드랍 페이지 / 자료 : 크립토랭크

크립토랭크의 에어드랍 페이지(https://cryptorank.io/drophunting)에 접속하면 Drop Hunting 메뉴에서 여러 에어드랍 프로젝트들을 소개해 주고 있다.

영어가 익숙하지 않다면 크롬(Chrome) 브라우저를 활용하자. 크롬에서는 페이지 그대로 한국어로 번역을 해준다. 번역이 정확하진 않기 때문에 영문 페이지와 번역 페이지를 같이 보면서 의미를 유추해야 한다. 처음엔 조금 어려울 수 있어도 파악해야 할 의미는 몇 가지 안 된다. 나중엔 번역 없이도 에어드랍 리스트와 관련 프로젝트를 확인할 수 있게 된다.

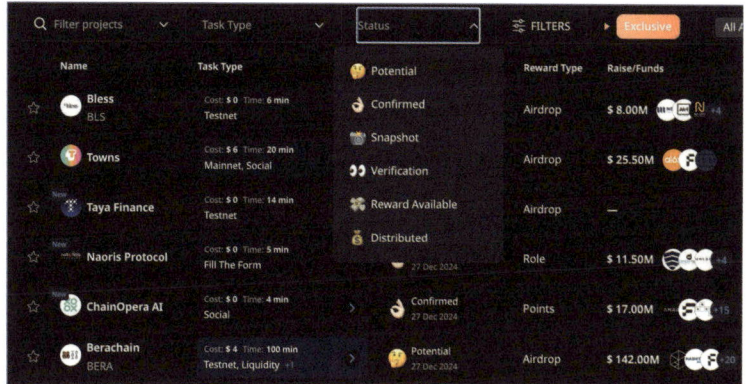
▲ 크립토랭크 에어드랍 리스트 / 자료 : 크랩토랭크

　　크립토랭크 에어드랍 메뉴에는 다양한 에어드랍 작업이 리스트되어 있다. 크립토랭크는 각 에어드랍 작업의 조건을 제시해주는데, 이것들을 보고 현재 내가 할 만한 에어드랍 작업이 무엇인지 선별해야 한다. 우선 Task Type 열의 Cost 값을 보면 해당 에어드랍 작업을 하는 데 얼마의 비용이 들어가는지가 나와있다. $0으로 표시된 것들이 무료 에어드랍 작업이다. 무료인 것들 중에서 Status 열을 확인한다. Status는 현재 에어드랍이 어느 단계에 있는지를 보여준다. 단계에는 Potential, Confirmed, Snapshot, Verification, Reward Available, Distributed가 있다.

　　Potential 단계는 잠재적인 에어드랍 가능성이 있는 초기 단계다. 이 단계에서는 프로젝트가 자신을 소개하며, 미리 사용해 본 사용자들에게 에어드랍 가능성을 암시한다. 가장 초기 단계인 만큼 프로젝트 사용이 쉽지 않을 수 있으며, 에어드랍이 확실히 제공된다는 보장도 없다. 그러나 이 시점부터 참여하면 가장 많은 에어드랍을 받을 가능성이 크다. 아직 정보가 부족하고 신뢰할 만한 근거가 없는 상태에서 참여하는 것이므로, 일반적으로 높은 보상이 주어지는 경우가 많다. 다만 보상이 전혀 없을 수도 있으므로 시간이 부족한 참여자라면 이후 단계에서 검증된 프로젝트에 참여하는 것이 더 안정적인 선택이 될 수 있다.

Confirmed 단계는 에어드랍이 확정된 단계이다. 프로젝트 팀에서 사전 참여자들에게 에어드랍 지급을 공식적으로 발표한 상태이며, 이 단계부터는 보다 구체적인 참여 방법과 가이드가 제공된다. 일반적으로 프로젝트에 대한 벤처캐피털(Venture Capital, VC)의 투자 유치 금액이 공개되며, 다양한 방식의 프로젝트 홍보가 이뤄진다. 또한 에어드랍을 받기 위해 수행해야 하는 베타테스트 작업 리스트도 공개되어, 참여자들이 보다 체계적으로 준비할 수 있도록 한다.

무료 에어드랍 작업은 일반적으로 프로젝트가 정식 출시되기 전에 진행된다. 특히 암호화폐 프로젝트의 경우 안정적인 서비스 운영을 위해 프로그램의 사전 테스트가 필수적이다. 블록체인 서비스는 한번 배포되면 수정이 어렵고, 오류 발생 시 큰 금전적 피해로 이어질 수 있다. 따라서 프로젝트 팀은 출시 전 테스트넷을 운영하며, 오류를 발견하거나 대규모 트래픽을 유발해 시스템의 안정성을 검증해야 한다. 이를 위해 베타 사용자들을 모집하고, 테스트 참여에 대한 보상으로 에어드랍을 제공하는 것이 일반적이다. 즉, 무료 에어드랍에 참여하는 사용자는 사전 베타테스트를 수행하며 프로젝트 발전에 기여하고, 이에 대한 보상으로 해당 프로젝트의 암호화폐를 지급받는 것이다.

Confirmed 단계 이후에는 최종 에어드랍이 확정되기 전까지 지속적으로 테스트넷에 참여하며 다양한 활동을 수행하는 것이 중요하다. 프로젝트마다 요구하는 활동이 다르므로, 자신이 수행할 수 있는 작업을 정리한 리스트를 만들어 관리하는 것이 효과적이다. 이 리스트를 바탕으로 테스트넷과 각종 미션에 꾸준히 참여하면서 최종 에어드랍이 확정될 때까지 적극적으로 활동해야 한다.

Snapshot 단계는 에어드랍 대상자를 최종 확정하는 과정이다. 일반적으로 프로젝트들은 에어드랍을 위한 다양한 미션을 공개하지만, 정확히 어떤 미션을 얼마나 수행해야 에어드랍을 받을 수 있는지, 그리고 지급되는 수량이 얼마인지에 대한 정보는 사전에 공개되지 않는 경우가 많다. 따라서 스냅샷이 확정되기 전까지는 최대한 다양한 방식으로 프로젝트의 미션과 테스트넷에 적극 참여하는 것이 중요하다. 일단 스냅샷이 발표되면 대부분의 경우 추가적인 에어드랍 작업은 필요하지 않다. 다만 일부 프로젝트는 스냅샷 이후에도 추가 활동이 요구될 수 있으므로, 자신이 참여한 프로젝트의 세부 사항을 확인하고 필요한 경우 추가적인 작업을 수행해야 한다.

Verification 단계는 에어드랍이 확정된 대상자가 자신의 블록체인 지갑을 제출하고, 실제 에어드랍을 받기 위한 최종 절차를 완료하는 단계이다. Snapshot 단계에서는 에어드랍 대상자가 누구인지만 공개되지만, Verification 단계에서는 해당 대상자들이 얼마를 에어드랍 받을지도 공개된다. 따라서 에어드랍 대상자로 선정된 경우 프로젝트의 가이드에 나오는 수령 절차를 정확히 따라야 하며, 지정된 기간 내에 완료하는 것이 필수적이다.

Reward Available 단계는 Verification의 연장선으로, 에어드랍을 청구할 수 있는 최종 기회를 제공하는 단계이다. 일반적으로 프로젝트는 에어드랍 청구 기간을 설정하며, 이 기간 내에 청구하지 않으면 대상자로 선정되었더라도 에어드랍을 받을 수 없다. 따라서 이 단계에서는 마지막 청구 가능 날짜를 확인할 수 있으며, 에어드랍 대상자들이 기한 내에 반드시 청구할 수 있도록 안내가 이루어진다.

Distributed 단계는 에어드랍의 최종 단계로, 에어드랍 대상자들이 청구 기간 동안 에어드랍을 신청한 후 최종적으로 암호화폐가 출시되었을 때 해당 코인이 배포되는 과정이다. 일반적으로 이 단계는 코인이 거래소에 상장되기 전에 이루어지지만, 프로젝트에 따라 상장 후에 배포되는 경우도 있다. 최근에는 에어드랍 지급 방식이 다양해지고 있는데, 대부분은 개인지갑 주소로 분배하지만 일부 프로젝트에서는 거래소 주소를 허용하기도 한다. 특히 거래소에 상장되기 전에 거래소 주소로 에어드랍을 진행하는 사례도 있으며, 상장 이후에 지급하는 경우도 존재한다. 이 단계에서 중요한 점은 프로젝트마다 에어드랍 청구 방식이 다를 수 있다는 것이다. 어떤 프로젝트는 사용자가 직접 청구를 해야 하며, 어떤 경우에는 사전에 등록된 주소로 자동 배포되기도 한다. 따라서 에어드랍을 받기 전에 반드시 자신이 참여한 프로젝트의 청구 방식과 배포 일정을 확인하는 것이 중요하다.

신규로 참가할 만한 에어드랍 작업을 선별하기 위해서는 리스트에서 Pontential, Confirmed 단계에 있는 것들을 선택해야 한다. 예시로 앞서 살펴본 이미지의 제일 상단에 있는 Bless라는 프로젝트의 에어드랍 작업을 시작해보자. 해당 프로젝트를 선택하면 아래와 같은 내용을 확인할 수 있다.

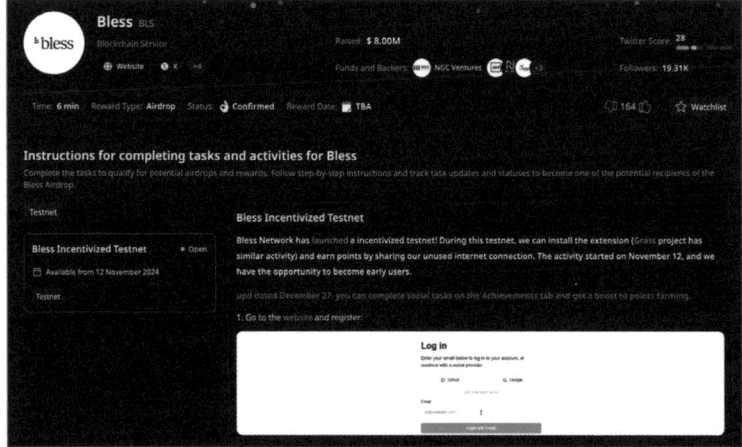

▲ Bless 에어드랍 프로젝트 / 자료 : 크립토랭크

프로젝트의 홈페이지 주소 및 투자 유치 명세 그리고 어떻게 테스트넷에 참여하는지 등이 간단하게 안내되어 있다. 이 가이드를 참고로 해서 에어드랍 프로젝트에 참여할 수 있다. 추후 다양한 미션은 홈페이지 및 트위터 등을 통해 안내될 수 있다. 이들을 확인하며 추가 에어드랍 작업을 지속하면 된다.

에어드랍 미션은 각 프로젝트마다 요구사항과 절차가 다르기 때문에, 새로운 에어드랍 프로젝트 리스트가 공개될 때마다 반드시 방법과 내용을 꼼꼼히 확인한 후 각각의 프로젝트에 맞게 진행해야 한다. 초기에는 생소할 수 있지만 에어드랍 작업에 익숙해질수록 처리속도가 빨라지고, 간단한 가이드만으로도 미션을 수행할 수 있게 된다.

경험이 쌓이면 별도의 자세한 안내 없이도 해당 프로젝트의 공식 홈페이지와 트위터 등의 정보만으로 에어드랍 작업을 독립적으로 진행할 수 있는 수준에 도달할 수 있다. 이러한 단계에 이르기 위해서는 꾸준히 무료 에어드랍 작업에 참여하는 것이 중요하다. 지속적인 참여를 통해 노하우를 쌓고 효율성을 높이면, 점차 더 많은 에어드랍 기회를 활용할 수 있게 된다.

크립토랭크에서는 다양한 프로젝트의 에어드랍 리스트를 확인하고 무료 에어드랍에 참여할 수 있다. 그러나 초보자에게는 각 프로젝트의 복잡한 절차와 요구사항이 다소 어려울 수 있다. 이럴 때는 코인드랍(Coindrop.kr) 사이트를 활용하는 것이 도움이 된다.

이 사이트는 초보자도 쉽게 에어드랍 작업을 진행할 수 있도록 상세한 가이드 문서를 제공한다. 각 프로젝트의 핵심 정보를 간단히 요약해주며, 에어드랍 참여 방법, 난이도 그리고 필요한 사전 준비 사항 등을 체계적으로 정리해 놓았다. 또한 에어드랍 보상을 어떻게 청구해야 하는지에 대한 단계별 안내도 포함되어 있어, 초보자들이 실수를 줄이고 원활하게 작업을 진행할 수 있도록 돕는다.

따라서 에어드랍에 익숙하지 않다면 크립토랭크와 코인드랍을 병행해서 활용하는 것이 좋다. 그러면 보다 수월하게 에어드랍을 진행할 수 있다.

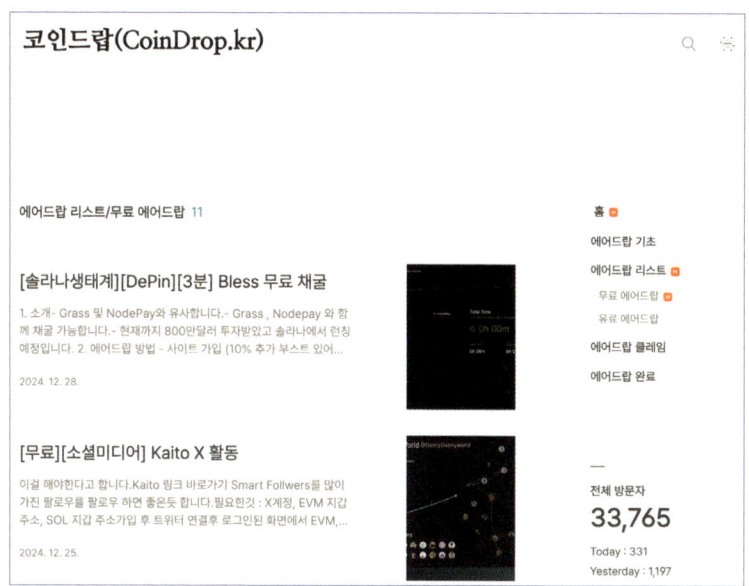

▲ 코인드랍의 에어드랍 가이드 / 자료 : 코인드랍

　코인드랍 사이트에선 기본적인 에어드랍 기초 및 필요한 설치 도구들에 대한 가이드가 안내된다. 에어드랍 전반에 필요한 블록체인 개인지갑 생성 방법 및 필수 가입 사이트에 대한 링크 등의 정보는 물론, 무료로 할 수 있는 에어드랍 작업들과 유료로 할 수 있는 에어드랍 작업들에 대한 개별적인 소개도 갖춰져있다. 각 에어드랍 작업마다 구체적인 가이드가 준비되어 있으므로 초보자가 에어드랍 작업을 배우기에 좋다.

　처음에는 에어드랍 작업의 선정 또한 코인드랍에 제시된 프로젝트들 위주로 실행하기 바란다. 그러다 익숙해지면 크립토랭크와 같은 전체 에어드랍 리스트들이 정리된 사이트에서 자신이 할 수 있는 에어드랍 작업을 선정해 실행하면 된다. 개인의 상황과 시간, 학습 능력이 각기 다르므로 모두에게 맞는 최적의 방법을 제시하긴 어렵다. 우선은 남이 해놓은 방법을 정확히 따라하는 데 집중하다 보면, 시간이 지나면서 독자적으로 에어드랍 작업을 할 수 있는 기본기를 갖추게 될 것이다.

1-4 종류별로 살펴보는 에어드랍 작업

에어드랍 작업을 통해서 시드를 모으고 모은 시드를 활용해서 투자하면 졸업까지 가능하다. 앞서 말한 대로 돈을 버는 한 가지 방법을 구체적으로 이야기한다면, 그 방법은 얼마 안 가 무용지물이 될 확률이 높다. 그보단 큰 그림을 이해하고 각자 상황에 맞게 적용할 수 있는 방법 등에 관해서 설명하겠다.

기본적인 큰 그림은 다음과 같다. 처음에는 무료 에어드랍 작업으로 시작하여, 시장에 대한 이해를 넓혀 간다. 그 다음 유료 에어드랍을 포함한 여러 에어드랍 작업에 도전하면서 수익을 재투자하며 시드를 키운다. 이 과정에서 블로그나 SNS 활동 등이 수반되어야 한다. 자신의 지식과 노하우를 알리면서 팔로우를 늘려가 네트워크를 확장시킨다. 확장된 네트워크를 통해서 정보의 판단 능력을 높여간다. 시장에 대한 이해가 충분히 확보됐다 판단이 들면, 그동안 모인 시드를 바탕으로 타이밍을 잡아 의미 있는 투자를 한다. 이를 통해 원하는 최종 졸업 목표를 달성한다.

간단해 보이지만 이 과정은 꽤 어렵고 복잡하며 많은 인내를 요구한다. 그 인내의 과정을 거치다 보면 실제 암호화폐 시장에서 꽤 실력 있는 투자자로 성장해 있는 자신을 발견하게 될 것이다. 그쯤 되면 졸업은 가까워진다. 혹은 성장한 자신을 발견하기 전에 이미 졸업할 수도 있다. 실제 투자 시드가 큰 금액으로 늘어나는 데에는, 실력 외에도 운과 시장 상황이 복합적으로 영향을 미치기에 가능한 일이다. 또한 그렇기에 졸업까지 걸리는 명확한 기간을 이야기하는 것은 의미가 없다. 다만 운과 시장 상황이 따라주지 않더라도 위와 같은 과정을 밟는다면 확실하게 졸업이 가능하다.

▲ 에어드랍 작업의 종류 / 자료 : 크립토랭크

여기서는 에어드랍 작업의 종류들을 한번 살펴보자. 크립토랭크에는 에어드랍 작업이 종류별로 리스트되어 있다. 에어드랍 작업의 종류에는 작업 수가 가장 많은 Social부터 Bounty Platforms, Testnet,

Mainnet, Staking, Liquidity, Gaming, Fill the Form, Mint NFT, Node, Trading 등이 있다.

Social은 주로 SNS 기반의 에어드랍 작업들이다. 이러한 작업을 요청하는 프로젝트들은 주로 다양한 형태의 일반 유저 대상 앱들이다. 기존의 앱과 다르게 토큰이코노미가 적용되어 있고 블록체인을 활용한다는 특징이 있다. 이러한 프로젝트의 에어드랍 작업은 비교적 어렵지 않으나 작업 종류가 다양하고 많은 사용자를 확보해야 한다는 특징이 있다.

일반적으로 많은 팔로워를 가지고 있는 인플루언서가 이러한 작업을 하는 데 유리하다. 앞서 블로그나 SNS 활동이 필요하다고 말한 것 또한 이 때문이다. 인플루언서 급이 아니더라도 어느 정도 팔로워가 있는 SNS 채널을 보유하게 되면 Social 에어드랍 작업을 하면서 많은 이득을 볼 수 있다.

Bounty Platforms는 프로젝트가 정식으로 출시되기 전에 다양한 테스트를 수행하는 에어드랍 작업을 의미한다. 암호화폐 프로젝트들은 주로 앱이나 웹 형태의 서비스로 출시되는데, 실제 사용자들이 많이 이용하지 않았기 때문에 초기 단계에서는 예상치 못한 버그가 존재할 가능성이 높다. 이러한 버그를 사전에 발견하고 수정하기 위해 테스터 사용자들을 참여시켜 프로젝트의 안정성과 완성도를 높인다.

이 단계에서 테스터들은 단순히 앱을 사용하는 것에 그치지 않고, 발견한 버그에 대한 구체적인 리포트(보고서)를 제공함으로써 더 많은 에어드랍 보상을 받을 수 있다. 특히 프로젝트 담당자의 관점에서 적극적으로 테스트를 수행하고 팀과 소통할 경우 향후 더 높은 보상을 기대할 수 있다. 단순한 참여자 한 명에서, 신뢰받는 테스터로 성장할 수 있는 것이다.

Bounty Platforms의 또 다른 장점은 프로젝트가 공식적으로 출시되기 전에 직접 경험해볼 수 있다는 것이다. 이를 통해 단순한 에어드랍 참여를 넘어, 투자 전 프로젝트의 잠재력을 검증할 수 있는 기회를 얻게 된다. 다양한 프로젝트를 테스트하다 보면, 어떤 프로젝트가 더 유망한지에 대한 안목도 자연스럽게 생긴다. 현실에서도 일반적인 소비자는 완성된 제품이나 서비스를 통해서만 기업을 파악할 수 있지만, 품질 테스트에 참여한 인원들은 상품이나 서비스의 깊은 내부 사정까지 파악할 수 있다. 블록체인 프로젝트 역시 마찬가지다. 테스트 단계에 참여한 투자자들은 해당 프로젝트의 기술적 완성도와 잠재력을 객관적으로 평가할 수 있는 기회를 가진다. 이러한 경험은 프로젝트가 정식 출시된 이후, 다른 투자자들보다 더 신중하고 정확하게 투자 결정을 내릴 수 있는 기반이 된다.

Testnet은 프로젝트의 네트워크 자체를 테스트하는 에어드랍 작업이다. 블록체인 서비스는 일단 출시된 이후에는 수정이나 업데이트가 쉽지 않기 때문에, 정식 런칭 전에 완벽에 가까운 충분한 테스트가 필수적이다. 이를 위해 프로젝트 팀은 일반 사용자들에게 베타 버전 형태로 네트워크를 공개하고, 다양한 상황에서의 오류나 개선점을 확인할 수 있도록 테스트넷 검증 기간을 갖는다.

이 과정에 참여하는 테스터들은 네트워크 환경에 대한 여러 가지 테스트를 수행하며, 이 모든 활동 기록은 블록체인 상에 투명하게 남게 된다. 프로젝트 팀은 이러한 기록을 바탕으로 각 테스터의 기여도를 평가하며, 테스트에 적극적으로 참여한 사용자들에게 프로젝트 코인으로 보상한다. 이는 단순한 사용자가 아닌, 프로젝트의 품질 개선에 실질적인 기여를 한 참여자들에게 그에 상응하는 보상을 제공하는 것이다.

일반 소프트웨어 회사에서는 정식 출시 전 품질 테스트 팀(QA 팀)이 최종 점검을 담당한다. 블록체인 프로젝트의 테스트넷도 이와 유사하지만, 차이점은 품질 테스트를 내부 팀이 아닌 외부 사용자들에게 개방한다는 점이다. 쉽게 말해 임시 직원을 공개적으로 모집하여 특정 업무를 맡기고, 그 기여도에 따라 나중에 보상을 제공하는 방식이다. 다만 이 보상은 전통적인 급여 형태가 아니라 100% 인센티브 방식으로 지급된다. 즉, 작업이 끝난 후 일정 기준에 따라 프로젝트 코인 등으로 보상받게 되는데, 이는 큰 수익으로 이어질 수 있다. 또한 참여자는 단순히 보상을 받는 것을 넘어, 프로젝트의 성공 가능성을 미리 체험하고 평가할 수 있는 기회를 얻게 된다.

Mainnet은 레이어1 블록체인 네트워크에서 이뤄지는 에어드랍 작업이다. 레이어1(Layer 1)이란 비트코인, 이디리움, 솔라나(Solana), 톤(Ton) 등 블록체인 인프라의 가장 기초가 되는 생태계를 가리킨다. 메인넷 역시 테스트넷 단계를 거치는가 하면 메인넷 런칭 이후에도 다양한 에어드랍 미션들이 주어지는 경우가 많다.

특히 메인넷은 다양한 디앱(D-App, Decentralized Application, 탈중앙화 애플리케이션)들이 메인넷과 함께 런칭되거나 직후에 런칭되곤 한다. 이들에 대한 테스트도 함께 수행하는 에어드랍 작업이 있다. 메인넷의 크기 및 종류에 따라 다르지만, 생태계가 큰 메인넷의 경우 하나의 에어드랍 작업만 잘하더라도 높은 수익을 기대할 수 있다.

Staking은 블록체인 인프라를 유지하고 관리하는 핵심 시스템인 스테이킹 형태의 에어드랍 작업을 하는 것이다. 스테이킹은 일반적으로 채굴의 한 형태로 이해할 수 있다. 블록체인 생태계에서 채굴은 새로운 블록을 생성하고 그 보상으로 코인을 획득하는 과정을 의미하는데, 스테이킹은 이와 유사하지만 지분증명 메커니즘을 기반으로 작동한다. 많은 사람들이 스테이킹을 단순히 '이자를 받는 방식'으로 이해하지만, 실제로는 블록 생성에 참여한 대가로 보상을 받는 구조다. 다만 모든 사용자가 직접 블록을 생성하는 것은 아니며, 보유한 코인을 검증인(Validator)에게 위임함으로써 간접적으로 블록 생성에 기여할 수 있다. 이때 검증인은 위임받은 코인을 이용해 블록을 생성하고, 그 보상의 일부를 코인 위임자에게 분배한다. 이러한 위임 구조가 바로 스테이킹의 핵심이다.

스테이킹은 레이어1 블록체인 외에 개별 디앱에서 수행되기도 하는데 각각 다른 목적을 가진다. 레이어1 블록체인에서는 네트워크의 안정성과 보안을 강화하기 위해 블록 생성에 직접 참여하여 그 대가로 에어드랍을 받는 형태로 진행된다. 디앱에서는 주로 토큰이코노미를 활성화하기 위해 사용자가 토큰을 스테이킹하고 그 대가로 에어드랍을 받는 형태로 진행된다. 기술적 깊이나 블록체인에 대한 기여도에는 차이가 있지만, 두 경우 모두 프로젝트에 장기적으로 투자한다는 공통점을 가진다.

스테이킹 참여자는 일종의 작은 은행 역할을 한다고 볼 수 있다. 은행이 고객의 거래 잔고를 관리하듯, 스테이킹 투자자는 검증인을 통해 네트워크상의 거래 내역을 확인하고 블록체인의 보안성과 신뢰성을 유지하는 데 기여한다. 그 대가로 코인 보상을 받는데 이는 일종의 '네트워크 수익'이라고 할 수 있다.

스테이킹 서비스는 매우 다양하지만, 모든 프로젝트가 동일한 수익률과 안정성을 보장하는 것은 아니다. 잘 선별된 프로젝트에 스테이킹을 진행할 경우, 기본적인 보상 외에도 추가적인 에어드랍 등의 혜택을 기대할 수 있다. 반대로 불안정한 프로젝트에 참여할 경우, 원금 손실의 위험도 존재한다. 따라서 투자자는 프로젝트의 신뢰성, 수익성, 커뮤니티의 활성화 정도 등을 고려하여 스테이킹에 참여할 필요가 있다. 전략적인 스테이킹은 단순한 보상을 넘어, 장기적인 투자 수익을 얻는 중요한 기회가 될 수 있다.

Liquidity는 자신의 코인을 거래 환경에 유동성으로 제공하고 그 대가를 받는 에어드랍 작업이다. 암호화폐 거래 환경에서 유동성을 제공하는 방법에는 여러 가지가 있다. 단순히 예금을 맡기는 형태가 있을 수 있고, 예금을 담보로 대출을 받는 경우도 있다. 또한 탈중앙화 거래소에 직접 유동성을 공급하는 방식도 있다. 이는 소규모 거래소의 역할을 내가 직접 수행한다고 볼 수 있다.

Liquidity는 여러 에어드랍 작업 유형 중 많은 수익을 낼 가능성이 가장 크다. 이는 프로젝트 입장에서 많은 예치금을 보유한 경우 보다 신뢰할 수 있는 좋은 프로젝트로 평가받는 만큼, 예치에 대한 보상을 높게 책정하기 때문이다. 이는 은행이 많은 예금을 보유할 때 좋은 은행으로 인정받고, 이를 기반으로 다양한 금융 서비스를 제공할 수 있는 구조와 유사하다. 그만큼 프로젝트 팀은 해당 유형의 기여 행위를 높은 가치로 평가할 것이다.

탈중앙화 금융 서비스인 디파이(DeFi, Decentralized Finance)의 핵심은 바로 이 Liquidity 영역에 있다. 이곳에서는 비트코인, 이더리움뿐만 아니라 USDT, USDC 같은 스테이블코인 등 다양한 코인을 유동성으로 제공할 수 있다. 다만, Liquidity 분야는 기존 금융 시스템에 비해 용어나 방식이 복잡하고 이해하기 어려운 경우가 많다. 그렇기에 높은 수익을 기대할 수 있는 동시에, 큰 리스크를 동반하는 분야이기도 하다.

Testnet 에어드랍 작업에 참여하는 대부분의 사용자들은 Liquidity 또한 경험하게 된다. 무료 테스트넷에서 이 영역을 충분히 이해하고 나면, 이후 실제 자금을 활용해 Liquidity를 운용할 수도 있게 된다. 잘만 운용하면 적게는 10배, 많게는 100배까지의 수익도 기대할 수 있다. 하지만 그만큼 리스크도 크다. 유동성을 잘못 제공하거나 프로젝트가 스캠으로 판명나거나 해킹 등의 사고가 발생할 경우 투자한 자산 전부를 잃을 위험도 있다. 따라서 이런 형태로 참여하려는 투자자는 깊은 이해와 철저한 준비가 필수적이다. 단순히 시드를 많이 모으는 것만으로는 충분치 않다. 디파이 시장에 대한 이해 없이 투자에 나설 경우, 그동안 어렵게 모은 투자 시드를 한순간에 모두 잃어버릴 수 있다.

더욱이 디파이를 배우는 과정은 쉽지 않다. 지속적인 시간 투자와 노력이 요구된다. 에어드랍 작업을 꾸준히 진행하며 다양한 무료 테스트넷과 유료 테스트넷 작업에 참여하다 보면, 디파이 시장에 대한 통찰력과 리스크 관리 능력이 생기고 유망한 프로젝트를 선별할 수 있는 안목도 기를 수 있다. 이후에는 보다 높은 수익률을 기대할 수 있는 디파이에 직접 투자해 안정적인 수익을 올리는 것도 가능하다. 결국 디파이 투자에서 성공하기 위해서는 단기간의 성과보다는 장기적인 학습과 꾸준한 노력이 필수다. 오랜 시간 투자와 경험을 통해 리스크를 관리하고 전략적으로 자금을 운용할 수 있는 역량을 갖춘 투자자만이 졸업에 다다를 수 있을 것이다.

Gaming은 컴퓨터 게임을 블록체인상에서 구현한 프로젝트에 참여하는 에어드랍 작업이다. 실제 다양한 형태의 게임을 진행하고 게임 결과 및 기여도에 따른 에어드랍을 받는다. 기존에 게임을 많이 해본 경험이 있다면 게임 분야를 전문적으로 다루어도 좋다. 아직은 초기 시장이라 게임의 완성도가 떨어지고 참여자도 적기 때문에 이 분야를 집중적으로 다룬다면 많은 수익 기회가 주어질 수 있다.

Fill the Form은 말 그대로 설문조사에 응답하여 보상을 받는 형태의 에어드랍 작업이다. 이는 프로젝트마다 진행하는 다양한 미션 중 하나인 경우가 많다. 또는 설문조사를 거쳐 특정 참여자들을 대상으로 하는 에어드랍 작업인 경우도 있다.

　이런 작업은 특정 테스트넷 작업의 유경험자나 특정 조건을 충족하는 이들을 선별하는 경우가 많다. 이로 인해 보다 높은 가치의 에어드랍을 받을 수 있는 기회가 제공되기도 한다. 다만 앞서 말한 대로 모든 참여자가 대상이 되는 것은 아니기에 에어드랍을 받기 위해서는 각 프로젝트가 요구하는 조건을 충족해야 한다. 따라서 참여 전 해당 프로젝트의 조건과 대상 여부를 꼼꼼히 확인하는 것이 중요하다.

　Mint NFT는 NFT(Non-fungible Token)라는 디지털 자산의 발행에 참여하는 에어드랍 작업이다. NFT는 블록체인 기술을 활용해 여러 디지털 자산의 소유권을 증명하는 것으로, NFT 시장은 암호화폐 시장 내에서 중요한 비중을 차지한다. 특히 NFT 시장은 커뮤니티를 중심으로 광범위하게 움직여, 이 유형의 에어드랍 작업에 참여할 경우 다양한 커뮤니티에서의 활동을 필요로 한다. 대부분의 커뮤니티가 글로벌 단위로 운영되기 때문에 참여자들은 일정 수준 이상의 영어 실력이 요구된다.

　Mint NFT 에어드랍 작업의 특징 중 하나는 '화이트리스트'라는 사전 참여자 선정 시스템이다. 이는 다양한 활동을 통해 선정된 참여자들에게 NFT를 우선적으로 구매할 수 있는 권한을 부여하는 제도다. 화이트리스트에 포함된 이들은 인기 있는 NFT를, 시장에 공개되기 전에 저렴한 가격에 구매할 수 있다. 이러한 NFT들은 이후 시장에서 가치가 상승할 가능성이 크다. 이러한 구조 덕분에 NFT

프로젝트들은 정식 판매 전 커뮤니티를 결집시키고, 초기 참여자들의 활동을 확장시키는 데 주력한다.

NFT 홀더들의 활동 범위는 온라인과 오프라인을 넘나들며 넓게 조성돼 있다. 때문에 일부 프로젝트는 오프라인 행사나 모임을 통해 홀더들과의 네트워크를 강화하고, 온라인에서도 홀더들에게 특정 커뮤니티나 콘텐츠에 접근할 수 있는 권한을 부여하기도 한다. 이러한 특성은 명품 소비와 유사한 면이 있다. 예를 들어 오프라인에서 명품 가방을 소유함으로써 차별성을 드러내듯, 온라인에서는 희소성이 높은 NFT를 보유함으로써 자신만의 정체성을 표현할 수 있다. 특히 유명 인플루언서나 셀럽들이 소유한 NFT와 동일한 작품을 보유하고 있다면 이는 온라인 공간에서 상징적 지위를 부여받는 것과 같은 효과를 낸다. 따라서 NFT는 단순한 디지털 자산으로서의 가치를 넘어, 커뮤니티와의 연계성 측면에서 오는 잠재적 혜택까지 고려하여 평가할 필요가 있다.

더 나아가 매우 유명하고 가치 있는 NFT를 보유한 경우 에어드랍과 같은 추가 혜택을 받을 가능성이 높다. 이는 단순히 자산 가치를 넘어서, 지속적인 보상과 커뮤니티 혜택으로 이어진다. 따라서 NFT 시장에서 인기 프로젝트를 선별하고 초기 참여 기회를 확보하는 전략은 매우 효과적인 투자 방법이 될 수 있다.

Node는 자신의 컴퓨팅 리소스를 제공하여 블록체인 네트워크의 검증 과정을 수행하는 에어드랍 작업이다. 채굴의 다른 표현이기도 하다. 블록체인 네트워크의 안전성과 신뢰성을 유지하기 위해 노드는 거래를 검증하고 블록을 생성하는 등의 중요한 기능을 수행한다. 이러한 이유로 실제 노드를 운영하는 것은 단순한 참여 이상의 의미를 가지며, 블록체인 생태계의 근간을 지탱하는 역할을 한다.

그러나 이러한 노드를 실제로 운영하기 위해서는 고도의 기술적 노하우와 지식이 필요하며 때로는 상당한 자본도 필요하다. 그럼에도 불구하고 실제 노드를 운영할 경우 그에 따른 기술을 습득하며 수익성을 갖추는 데까지 성공하면 더 많은 에어드랍과 추가 수익을 얻을 수 있다는 장점이 있다. 기술력과 장비를 갖춘 노드 운영은 안정적인 수익원이 될 수 있으며, 이는 블록체인 시장에서 가장 높은 수익을 올릴 수 있는 방법 중 하나로 간주된다.

Trading의 경우 DEX(Decentralized Exchange)라고 불리는 탈중앙화 거래소에서 거래 활동을 수행하여 참여하는 에어드랍 작업이다. DEX는 중앙화된 거래소와 다르게 사용자간의 직접 거래로 이뤄지는데, 블록체인의 가장 큰 장점을 활용한 서비스로 가장 투명하면서 빠르게 성장할 수 있는 분야다. 현재로서는 디파이 분야가 규모면에서 더 크지만 디파이 분야에서도 DEX를 통한 트레이딩을 빼놓을 순 없다. 투자라는 행위는 결국 거래를 통해 이뤄지기 때문이다.

일반적으로 거래소에서 트레이딩을 하면 수수료가 빠지고 트레이딩에 따른 인센티브는 주어지지 않는다. 반면에 DEX, 특히 신규 DEX의 경우 해당 서비스에서 트레이딩을 한 투자자들을 대상으로 자신들의 프로젝트 코인을 에어드랍해주는 경우가 많다. 즉, 해당 트레이딩 플랫폼에서 다양한 트레이딩을 해 이력을 남기면 이걸 근거로 해서 에어드랍을 해주는 것이다. 물론 트레이딩 액수에 따라 금액이 차등적으로 지급된다.

대부분의 졸업자는 결국 트레이딩을 통해서 나온다. 이 시점에는 거래 액수도 매우 클 것이므로 트레이딩을 통해 부가적인 수익을 낼 수 있다면 일석이조가 될 것이다. 그러므로 DEX에서 트레이딩 하는 걸 미리미리 익혀둬야 한다.

에어드랍의 각 분야를 전반적으로 살펴봤다. 기본적으로 해야 하는 에어드랍 작업부터 가장 큰 수익을 낼 수 있는 디파이 분야의 Liquidity 및 Trading까지 이야기했다. 일단은 언급한 모든 분야를 다 해보는 것이 중요하다. 그렇게 어느 정도 시장을 이해하고 나면 자신이 잘할 수 있는 분야를 집중해서 공략해야 한다.

그렇지만 Liquidity와 Trading 분야는 모든 투자자들이 반드시 마스터해야 하는 분야다. 1억 원 이상의 거대한 액수를 벌어 졸업을 하려면 결국 이 분야를 거쳐야 하기 때문이다. 탈중앙화 거래소의 기본적인 원리, 유동성 공급에 대한 개념, 레버리지를 활용한 선물 시장 이해, 블록체인 서비스에서의 예금 및 대출에 대한 이해를 포함한 다양한 디파이 상품에 대해서 충분히 이해하고 활용할 수 있어야 한다.

이 책에서는 기본적인 암호화폐 시장부터 디파이 시장까지 충분히 다루고 있으므로, 여기서 기본적인 개념을 배우고 실제 에어드랍 작업을 통해서 실전 경험을 쌓는다면 누구나 충분히 활용할 수 있다. 개인마다 시간 차이는 있겠지만 시장이 점점 커지고 있고 이전

보다 쉽게 접근할 수 있게 서비스도 발전하고 있다. 모든 일반인이 디파이에 익숙해진 시대가 도래하기 전까지는 수익의 기회가 있으므로 시간과 여유를 가지고 자신이 할 수 있는 시간과 자금 범위 내에서 다양한 디파이 서비스를 최대한 활용해보자.

다시 말하지만 투자 방법론에 대해 타인의 추천에만 의존하는 데에는 한계가 있으며, 추천이 이루어지는 시점에는 이미 기회를 놓쳤을 가능성이 크다. 따라서 스스로 시장을 분석하고 유망한 디파이 서비스를 선별할 수 있는 실력을 갖추는 것이 중요하다. 초기 단계에서 괜찮은 디파이 시장을 선점할 수 있다면, 졸업은 단지 시간문제일 뿐이다.

1-5 좋은 프로젝트를 구별하는 방법

공짜를 싫어하는 사람은 없다. 에어드랍은 기본적으로 무료이기 때문에 코인 투자자라면 누구나 좋아한다. 이러한 상황을 현실에서 그려본다면, 많은 사람들이 행사 사은품을 받기 위해 굉장히 긴 줄을 서서 기다리는 모습을 상상해볼 수 있다.

안타까운 점은 사은품이 제한되어 있어 모두가 받을 수는 없다는 것이다. 줄의 앞에 있는 사람은 혜택을 받지만, 뒤에 온 사람은 시간만 낭비하게 된다. 에어드랍 시장도 비슷하다. 필자가 오랫동안 경험했던 에어드랍 시장에서의 '꿀팁'을 몇 가지 공개한다.

첫 번째 팁은 극초기 프로젝트를 선점하는 것이다. 극초기 프로젝트를 찾기 위한 정보는 기본적으로 텔레그램과 X를 활용한다. 텔레그램의 경우 에어드랍 관련 채널을 구독해두면, 주기적으로 좋은 에어드랍 정보를 추천받을 수 있다.

텔레그램과 X에서 에어드랍 정보를 알게 됐으면 그 중 극초기 프로젝트들을 선별해야 한다. 모든 암호화폐 프로젝트들은 초기 참여자들에 대한 보상이 크다. 그러므로 자신이 가능한 역량 내에서 극초기 프로젝트들을 발견하고 참여하여 에어드랍 수량을 극대화하는 전략이 필요하다. 반대로 말하자면 아무리 좋은 프로젝트더라도 시간이 조금 지나 이미 참여한 사람들이 많다면 과감히 포기하거나 후순위로 밀어둬야 한다는 얘기다. 그래야만 시간과 노력을 아껴 다른 좋은 기회들을 잡을 수 있다.

일단 괜찮은 텔레그램 채널을 하나 구독해두면, 그 안에서 또 다른 좋은 에어드랍 정보 공유 채널을 공유해주기도 한다. 그렇게 여러 채널을 구독하며, 에어드랍 정보가 들어오는 창구를 늘려나갈 수 있다. X 또한 마찬가지다. 에어드랍 소식을 알려주는 X 계정을 구독해두고 해당 계정의 다양한 활동 내역을 관찰하다보면, 또 다른 에어드랍 관련 계정을 팔로우할 수 있다.

극초기 프로젝트를 선점할 수 있는 기회는 주로 신생 블록체인 생태계에 있다. 이더리움, 솔라나 등 메이저 생태계에서는 어떤 프로젝트도 매우 빠르게 참여자가 늘어나, 초기 선점을 하기도 어렵고 그 효과도 크지 못하다. 이는 우리가 계속해서 새로운 블록체인 생태계를 탐구해야 하는 이유가 되기도 한다. 아직 규모는 크지 않지만 내가 강점을 발휘할 수 있는 유망한 블록체인 생태계에서, 극초기의 프로젝트를 선점한다면 그야 말로 금상첨화다.

이러한 프로젝트를 선점하면 단순 수익 외에 추가적으로 좋은 부분은, 아직 미약한 당신의 네트워크 파워를 늘리기에 효과적이라는 점이다. 우리는 에어드랍을 통해 수익을 내는 동시에, 개인 네트워크 채널을 키워나가야 한다. 그런데 메이저 생태계에는 이미 영향력 있는 인플루언서들에 의한 정보 전달 경로가 확립되어 있다. 때문에 당신의 채널에서 신규 프로젝트를 소개하더라도 큰 주목을 받지 못한다. 반면 잘 알려지지 않은 생태계의 극초기 프로젝트를 소개하면, 당신의 SNS 영향력이 아무리 적더라도 큰 주목을 받을 수 있다. 네트워크 파워를 키우고 싶은 투자자들은 이러한 부분을 공략하는 것이 좋다. 물론 이 과정에서 당신의 게시물을 보고 해당 프로젝트에 참여하는 이들이 많아진다면, 추천인 레퍼럴 제도에 의한 추가적인 수익도 발생한다.

극초기 프로젝트를 찾는 데 성공하였고 시장에서 해당 프로젝트가 긍정적으로 알려지고 있다면 해당 프로젝트에 집중해야 한다. 많은 프로젝트를 다루는 것보다 잘되는 소수의 프로젝트에 집중하는 것이 훨씬 효율적이다.

두 번째 팁은 해당 프로젝트 역량을 직접 파악해본 뒤, 에어드랍 받은 코인을 적기에 매도하는 것이다. 어떤 코인은 팔 수 있을 때 바로 팔아버려야 할 수도 있고, 어떤 코인은 보유하고 있으면 그 가치가 몇 배로 뻥튀기되기도 한다. 극초기 프로젝트를 선점하는 것만큼이나, 에어드랍 받은 코인을 언제 수익화할지도 중요하다.

이 부분에서 가장 중요한 건 프로젝트의 역량이다. 내실이 있는 프로젝트고, 그러한 사실이 점차 널리 알려진다면 에어드랍 받은 코인의 가격은 올라갈 것이다. 반대로 유명무실한 프로젝트라면 코인 가격은 곧장 떨어질 것이다.

기본적으로 프로젝트 코인이 어떤 거래소에 상장되는지로 이 부분을 가늠해볼 수 있다. 만약 프로젝트 코인이 처음부터 탑티어급 거래소(바이낸스, 바이비트, OKX 등)에 상장된다면, 상장 후 수일 내로 에어드랍 물량의 50%는 매도하고 나머지 50%는 계속 가져가는 전략을 쓸 수 있다. 탑티어 거래소에 상장된다는 것은 해당 프로젝트를 시장에서 좋게 평가한다는 의미이기 때문이다. 혹은 50%는 탑티어급 거래소 상장과 동시에 매도하고 나머지는 한국 거래소(업비트, 빗썸)에 상장될 때 매도하는 전략도 유용하다. 일반적으로 해외 탑티어 거래소에 빠르게 상장되면 시간이 조금 지나서 한국 거래소에 상장되며, 그 뒤 제일 좋은 가격대를 형성하고 조정을 갖는 게 일반적이다.

에어드랍 수익 수준에 따라서도 매도 전략을 달리할 수 있다. 에어드랍으로 받은 토큰의 가치가 1,000만 원 어치 이상이라면 무조건 매도하는 것보다는, 프로젝트에 조금 더 깊이 참여해보고 프로젝트의 가능성을 직접 판단해보기 바란다. 프로젝트 종류마다 다르지만 어떤 코인들은 상장 후 2~3배 혹은 10배 이상 가기도 한다. 에어드랍 당시에는 코인 가치가 1,000만 원 정도였는데, 이 1,000만 원이 1억 원까지 갈 수 있는 경우가 분명히 존재한다.

물론 프로젝트의 가능성 판단은 매우 복잡한 영역이다. 시장에서 인플루언서들이 좋게 평가한다고 가격이 계속 오르는 것도 아니고 그 반대도 아니다. 아직은 정보가 부족하기 때문에 정확한 평가는 그 누구도 어려운 상황이다. 이때 조금 더 나은 선택을 할 수 있도록 도와주는 건 에어드랍 작업을 하면서 프로젝트 팀과 소통하며 서비스를 최대한 경험해보고, 다른 서비스와 비교해서 더 나은 장점이 있는지를 스스로 분석해보는 것이다.

에어드랍 고수와 하수의 결정적인 차이는 바로 이 부분의 역량에 달려있다. 에어드랍 받은 코인의 적정 가치를 얼마나 정확히 파악할 수 있느냐에 따라 수익률이 정해지는 것이다. 자신만의 기준을 세워 매도 시기를 정하되, 분할매도로 실패 리스크를 경감시키는 편이 좋다.

세 번째 팁은 프로젝트의 리스크를 에어드랍의 관점에서 바라보는 것이다. 당신이 자금을 투자하는 투자자라면, 벤처캐피털 투자를 많이 받고 인플루언서들에 의해서 알려지고 있는 프로젝트에 투자하는 편이 좋다. 가능한 리스크가 적은 프로젝트에 투자해야 당신의 돈을 잃지 않을 수 있기 때문이다.

하지만 당신이 지금 하고자 하는 것은 에어드랍이다. 자금 투입이 필요치 않은 에어드랍의 경우, 프로젝트 리스크가 실제로 현실화되어 코인의 가치가 붕괴되더라도 당신이 잃는 것은 약간의 시간과 노력뿐이다. 그에 반해 리스크 높은 코인이 마침내 그것을 극복하고 대형 프로젝트로 발전할 경우, 당신이 얻게 될 수익은 엄청나다. 그런 점에서 벤처캐피털 투자와 인플루언서의 언급은 프로젝트의 인지도를 빠르게 상승시켜, 에어드랍의 수익률을 떨어뜨리는 방해요인으로 작용할 수도 있다. 개인적인 경험으로는 인플루언서들의 영향을 많이 받지 않는 편이, 좋은 수익률로 귀결되었던 경우가 많았다.

리스크는 오히려 수익의 기회가 될 수도 있다. 벤처캐피털 투자 규모도 작고 인플루언서들에 의해서 언급도 없지만 빠르게 성장할 가능성을 가진 에어드랍 프로젝트가 가장 좋다. 이런 프로젝트들에 도전하다보면 그중 폭발적 성장이 일어나는 게 눈에 보이는 프로젝트도 있는데, 그 프로젝트에 집중하면 된다. 다만 '예치작(코인을 예치하는 대가로 에어드랍을 받는 경우)'과 같이 자금 투입이 필요한 에어드랍의 경우 어느 정도의 안정성이 검증된 프로젝트만 진행해야 한다.

이상의 에어드랍 꿀팁을 실전에서 시도하며 마침내 본인의 것으로 소화해 내면, 어느새 에어드랍 고수가 되어있는 자신을 발견하게 될 것이다.

1-6 실전 투자와의 연계 방법

무료 에어드랍 작업은 손실이 없는 투자 방법이다. 암호화폐 초보 투자자나 투자 자체에 경험이 없는 사람이 쓰기에 좋은 투자 방법이다. 어찌 보면 투자가 아닌 근로활동과 비슷하게 볼 수도 있다. 일정한 노력을 통해 보상을 얻는 구조이기 때문이다.

반대로 말하면 에어드랍을 잘한다고 해서 투자를 잘하는 것이 아니다. 현실에서 연봉이 높다고 해서 투자를 잘하는 것이 아니듯 말이다. 이와 마찬가지로 무료 에어드랍으로 높은 수익을 올렸다고 해서 곧바로 암호화폐 투자 실력이 뛰어나지는 게 아니다.

무료 에어드랍이나 소액의 투자를 요하는 유료 에어드랍을 꾸준히 진행하더라도, 졸업에 다다르는 데는 한계가 있을 수밖에 없다. 결국 진정한 고수익을 올리기 위해서는 투자를 잘하는 능력이 필수적이다. 따라서 처음부터 단순히 에어드랍만 수행하기보다는, 조금

씩이라도 투자에 도전하며 투자 실력을 함께 키우는 것이 장기적으로 더 높은 수익을 올릴 수 있는 방법이다.

일반적으로 노동을 통해 수익을 얻는 것이 습관화된 인간은 손실에 대한 회피 성향이 강하다. 이로 인해 초보 투자자들은 손실에 대한 내성이 부족해 대부분 실패를 경험한다. 특히 많은 이들이 시장이 고점일 때 진입한 후, 조정 구간이 오면 손실을 감당하지 못하고 급히 시장을 떠난다. 이는 투자 시 손실 가능성을 충분히 고려하지 않았거나, 손실을 감내할 수 있는 투자 실력이 부족하기 때문이다. 그러나 투자는 본질적으로 손실을 전제로 시작되므로, 손실을 어떻게 관리하고 받아들일지에 대한 명확한 전략 없이는 성공적인 투자자가 되기 어렵다.

에어드랍 작업들은 일반 투자에 비해서 손실 리스크가 상당히 적다. 대부분의 경우 조금이라도 수익을 내게 된다. 이런 에어드랍 작업에만 익숙한 투자자들은 손실에 대한 시장 경험이 부족해서 큰 규모의 투자에 어려움을 겪는다. 이 부분은 결국 경험으로 배우고 극복해야만 수익을 극대화할 수 있다.

처음 에어드랍 작업을 통해 수익이 발생하면, 에어드랍으로 받은 코인을 거래소에 상장 즉시 매도하여 단기적인 수익을 실현하려는 경향이 있다. 물론 때로는 이러한 즉각적인 매도가 높은 수익을 가져다주기도 한다. 그러나 이런 경우 자연스럽게 해당 유형의 에어드랍 작업을 통한 수익 창출에만 집중하게 되어 생태계 전반을 이해하거나 프로젝트를 선별하는 능력을 키우는 데 소홀해지기 쉽다.

에어드랍을 진행할 때는 각 프로젝트의 성공 가능성을 파악해보고 투자 가능성도 미리 검토해야 한다. 에어드랍 과정을 통해 프로젝트를 사전에 검토함으로써, 코인이 시장에 널리 알려지기 전에 유리한 가격에 매수할 수 있는 가능성이 열리는 것이다. 결국 에어드랍 작업은 단순히 시간과 노동력을 투입해 참여하는 것 이상의 의미를 가진다. 이는 투자자로서 프로젝트를 깊이 있게 분석하고, 다른 이들이 주목하기 전에 투자 기회를 탐색할 수 있는 과정인 셈이다. 이러한 접근법은 단기적인 이익을 넘어 장기적으로 투자 실력을 키우는 데 중요한 밑거름이 될 수 있다.

일반적으로 시장에서 가장 먼저 정보를 접하는 곳은 벤처캐피털이다. 벤처캐피털은 프로젝트 팀에 대한 정보를 가장 많이 보유하고 있으며, 다양한 방면에서 투자 검토와 검증을 거쳐 투자를 결정한다. 이들은 전문가 집단으로 구성되어 있을 뿐만 아니라 정보력에서도 우위를 점하고 있어, 가장 유리한 시점에 최적의 투자 기회를 포착할 수 있다.

우리는 적어도 벤처캐피털 다음으로 정보를 빠르게 접할 수 있는 집단에 속하는 걸 목표로 해야 한다. 이 집단은 일반적으로 KOL(Key Opinion Leader)로 불리는 인플루언서들이다. 유튜브, 텔레그램, 트위터 등에서 암호화폐 인플루언서로 활동하는 이들은 프로젝트 정보를 비교적 이른 시점에 접할 수 있다. 각자 보유한 정보를 인터넷에 꾸준히 공유하며 SNS 채널을 성장시킨다면 암호화폐 생태계 내에서 두 번째로 빠르게 정보를 접하는 위치에 오를 수 있다.

그러나 벤처캐피털과 마찬가지로 KOL 또한 하고 싶다고 바로 되는 게 아니다. 그렇다면 지금 당장 할 수 있으면서 빠르게 정보를 얻고 시장을 이해할 수 있는 방법은 무엇일까? 바로 에어드랍에 참여하는 것이다. 에어드랍 작업에 참여하면 실제 코인이 시장에 상장되기 전에 프로젝트에 대한 다양한 정보를 접할 수 있으며, 해당 프로젝트의 서비스를 가장 먼저 사용해볼 기회를 얻는다.

더욱이 암호화폐 프로젝트들은 초기 단계에서 벤처캐피털이나 KOL을 거치지 않고 일반 대중에게 직접 정보를 공개하는 경우도 많다. 이러한 프로젝트들은 특정 집단에 유리한 조건을 제공하지 않는다는 탈중앙화적 목적성을 갖기 때문에, 프로젝트 팀 자신들의 이익도 최소화시키는 경향이 있다. 따라서 초기 단계에서 이들을 발견하고 테스트넷 등의 에어드랍 작업에 참여하면 매우 좋은 기회를 선점할 수 있다. 이를 통해 누구나 시장에 빠르게 접근하고, 정보 격차를 줄이며, 암호화폐 생태계에서 유의미한 기회를 얻을 수 있다.

암호화폐 시장에서 성공적인 투자자로 성장하기 위해서는, 단순히 정보를 소비하는 데 그치지 않고 적극적으로 정보를 공유하여 자신의 네트워크 파워를 확장하려는 노력이 필요하다. 그날그날 내가 배운 암호화폐 관련 지식과 투자 노하우를 개인 블로그나 SNS를 통해 공유하면, 그렇게 큰 공을 들이지 않으면서도 어마어마한 이득을 볼 수 있다.

그렇다면 블로그나 SNS 활동을 통해 투자 정보를 공유하는 것은 구체적으로 어떤 의미가 있을까? 단언컨데 단순한 정보 전달 이상의 가치가 있다. 암호화폐 생태계는 여전히 초기 시장으로, 정보의 비대칭성이 매우 크다. 이로 인해 정제된 정보에 대한 수요가 꾸준히 존재하며, 투자자들은 신뢰할 수 있는 정보를 찾기 위해 노력한다. 비트코인으로 시작된 암호화폐의 근본적인 시스템은 사용자가 자신의 자원을 들여 생태계에 기여하고, 그 대가로 인센티브를 받는 구조를 가지고 있다. 이로 인해 전통적인 주식시장이나 금융시장과는 다르게, 중앙집중적인 자본이나 국가 기관이 아닌 개별 참여자들이 시장을 이끌어가는 독특한 특성을 가진다. 이러한 시장 구조에서는 단순히 수동적인 투자자보다는 정보를 공유하고 커뮤니티에 기여하는 투자자에게 더 많은 기회와 보상이 주어질 가능성이 크다. 프로젝트 팀이 당신에게 먼저 메일을 보내 자신들의 계획을 밝히는 경우를 상상해 보라. 물론 정보를 잘 선별할 수 있는 능력을 갖춰야겠지만, 잘만 활용할 경우 일반 사용자로 있을 때와는 차원이 다른 수익 기회를 확보할 수 있다.

또한 정보 공유 활동은 그 자체로 당신의 실력을 향상시킬 수 있는 수단이 된다. 정보 공유 과정에서 자신이 알고 있는 지식을 체계화할 수 있으며, 동시에 자신이 놓치고 있는 부분을 인지할 수 있는 기회를 얻게 된다. 다양한 사람들과의 네트워킹을 통해 자신이 미처 알지 못했던 새로운 정보나 인사이트를 얻을 수도 있다. 이는 단순한 지식의 교환을 넘어, 투자자로서의 **역량을 한층** 더 강화시켜 준다.

다양한 정보를 접할 때에는 단순히 수용하기보다는, 그중에서도 보다 가치 있는 정보를 선별할 수 있는 안목이 필요하다. 이는 지속적인 학습과 네트워킹을 통해 자연스럽게 길러질 수 있는데, 시간이 지날수록 정보의 질과 정확도를 구분할 수 있는 능력이 향상될 것이다. 암호화폐 시장의 특성상 정보를 빠르게 습득하고 공유할 수 있는 능력이 곧 경쟁력이 된다.

결론적으로 암호화폐 시장에서의 성공은 단순한 투자 전략이 아닌, 지식과 정보를 나누고 생태계에 참여 및 기여하려는 태도에서 비롯된다. 블로그나 SNS를 통해 자신의 경험과 지식을 공유하는 과정에서 더 넓은 네트워크를 형성하고, 더 깊이 있는 정보에 접근할 수 있는 기회를 얻게 된다. 이는 장기적으로 더 큰 투자 기회와 부의 축적으로 이어질 수 있다.

투자에 있어서 정보는 생명력과도 같다. 그러나 시장에는 각종 부정확한 정보와 사기가 넘쳐나며, 진정으로 가치 있는 정보는 대개 잘 드러나지 않는다. 이러한 가운데 어떤 정보를 믿느냐가 투자의 성패를 가르는 중요한 요인이 된다. 물론 좋은 재료가 있다고 해서 반드시 좋은 투자 결과를 보장하지는 않는다. 하지만 재료가 나쁘다면 그 투자는 어떻게 해도 실패로 이어질 수밖에 없다. 따라서 투자자는 좋은 재료, 즉 신뢰할 수 있는 정보를 찾기 위해 끊임없이 노력해야 한다.

에어드랍 작업은 정보의 확보 면에서는 매우 중요한 역할을 한다. 기본적으로 여러 에어드랍을 하면서 메인넷의 개념, 레이어1과 레이어2의 차이, 지갑 사용법, 디파이의 구조, NFT 구매 및 활용 방법 등에 대한 지식을 쌓을 수 있다. 더 나아가 암호화폐 시장을 주도하는 벤처캐피털과 영향력 있는 인플루언서의 동향 그리고 시장의 최신 트렌드까지 파악할 수 있다.

그러나 이 모든 것을 알고 있다고 해서 반드시 성공적인 투자를 한다고 보장할 수는 없다. 결국 투자의 성패는 경험에서 비롯된 실력에 달려있다. 투자자는 시장의 흐름을 읽고, 위험을 관리하며, 냉정하게 결정을 내릴 수 있는 능력을 끈임없이 갈고 닦아야 한다. 이러한 과정 속에서 비로소 진정한 투자자로 성장할 수 있다.

암호화폐 시장의 흐름과 트렌드를 분석해주는 대표적인 리서치 회사로 메사리리포트(Messari Report)가 있다. 메사리리포트는 암호화폐 시장에서 가장 많은 정보를 제일 빠르게 접한다. 그리고 전문가들이 만들어 낸 가장 양질의 정보를 공유한다. 그렇다면 메사리리포트 직원들이 가장 수익률이 좋을까? 일반적으로 메사리리포트 직원들은 투자자 평균보단 성적이 좋다. 하지만 메사리리포트보다 실력이 좋은 투자자는 넘치고 넘친다. 즉 투자는 정보력만으로 이루어진 것이 아니라는 걸 알 수 있다.

투자를 음식에 비유해보자. 맛있는 음식을 만들기 위해서는 뛰어난 요리사, 질 좋은 재료, 그리고 적절한 요리 환경이 필요하다. 투자에서도 마찬가지다. 좋은 요리 재료는 가치 있는 정보이고, 요리 환경은 투자자의 자본력, 마인드, 건강, 주변 환경 등에 해당한다. 마지막으로 요리사의 실력은 곧 투자 실력을 의미한다. 아무리 훌륭한 재료와 최적의 환경이 갖춰져 있더라도 요리사의 실력이 부족하다면 맛있는 음식을 완성할 수 없는 것처럼, 투자에서도 실력 없이는 좋은 결과를 기대할 수 없다.

투자 실력은 단순히 하나의 능력으로 정의될 수 없다. 종목 선별 능력도 있고, 단기 및 장기 투자에서 적절한 매수·매도 타이밍을 포착하는 능력도 있다. 또한 전체 시장을 꿰뚫어보는 통찰력이나, 투자 심리에 대한 남다른 감각도 있다. 이처럼 다양한 요소가 결합된 투자 실력은 경험을 통해서만 향상될 수 있으며, 실전을 통해서만 스스로가 어느 정도의 수준에 있는지를 확인할 수 있다.

에어드랍 작업을 하면서 다양한 방면으로 투자 경험을 쌓아야 한다. 손실을 감당하는 방법, 투자 수익을 현금화하는 비율, 상승장을 활용하는 방법, 하락장에서도 수익을 내는 방법 등 다양한 투자 방법에 대해서 지속적으로 공부하면서 암호화폐 시장을 이해하는 시간이 필수적이다.

에어드랍 작업을 1, 2년 정도 지속하면 암호화폐 시장에 대한 전반적인 이해가 가능해진다. 그리고 트렌드 파악도 다른 투자자보다 빠르게 할 수 있게 된다. 그런데도 투자 실력이 없다면 기회를 살리지 못한다. 다행히 에어드랍 작업에는 실제 투자를 해야 하는 프로젝트들이 많이 존재한다. 이러한 프로젝트들에 일정 시드를 투자하고, 수익을 보거나 손실을 경험하면서 투자 실력을 키워갈 수 있다. 중요한 건 에어드랍을 할 때 단순히 에어드랍 수익만을 목표로 하면 안 되고, 시장에 대한 이해와 투자 실력을 높일 기회로 삼아야 한다는 것이다.

다음 페이지로 넘어가기 전에, 크립토랭크에 접속해 간단하게라도 에어드랍 작업에 참여해볼 것을 권하고 싶다. 에어드랍을 하면서 이해되지 않는 부분이 있다면 그때 다시 책을 계속 읽어나가도 무방하다. 하지만 그럴 일은 없을 거라고 단언할 정도로, 단순하고 하기만 하면 돈이 벌리는 에어드랍 작업이 많다. 또한 시장은 이 책보다 훨씬 빠르게 변화하기 때문에 직접 에어드랍에 참여해야 최신 정보를 따라갈 수 있다. 이 점을 놓치지 말기 바란다.

2장부터는 비트코인을 포함한 주요 알트코인 시장의 생태계에 대해 꼭 알아야 할 기본적인 내용을 다룰 것이다. 특히 코인 투자를 어느 정도 해본 독자라면, 비트코인에 관련된 내용은 이미 알고 있을 수도 있으므로 건너뛰어도 좋다.

Chapter

비트코인
불장이 돌아왔다

2

2-1 4년마다 돌아오는 비트코인 불장

비트코인 불장이 돌아왔다. 2024년 12월 18일 기준으로 비트코인이 달러로는 10만 달러를 갱신하였고 원화로는 1억 5,000만 원의 최고 가격을 기록했다.

비트코인이 1억 원을 돌파하였을 때 많은 사람들이 놀라움을 금치 못했다. 그러면서 더 이상은 가격이 오르지 않을 거라는 시장의 분위기도 있었지만, 비트코인은 그런 시장의 분위기를 개의치 않고 1억 5,000만 원까지 올랐으며 달러로는 기록적인 의미인 10만 달러를 갱신했다.

무엇이 비트코인의 가격을 계속 오르게 하는 것일까? 그리고 비트코인 가격이 4년마다 신고가를 갱신하는 이유는 무엇일까?

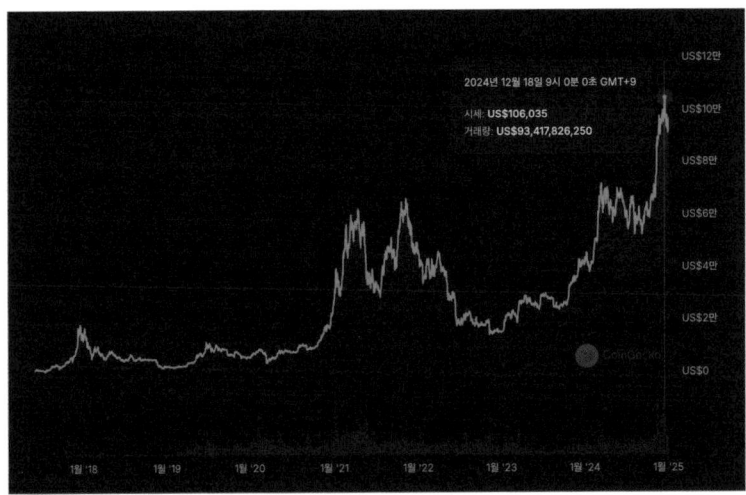

▲ 비트코인 차트 / 자료 : 코인게코

비트코인에 대한 투자 열기가 본격적으로 시작된 2018년 이후의 차트를 살펴보면, 비트코인 가격이 약 4년 주기로 급등과 급락을 반복하는 패턴을 보인다는 점을 확인할 수 있다. 장기적으로 보면 꾸준한 상승세를 유지하고 있지만, 단기적으로는 큰 조정이 발생하는 경우도 적지 않다.

대다수의 투자자는 가격이 급등하는 상승장에서 비트코인에 투자하고, 이후 조정기에 접어들면 손실을 감당하지 못하고 매도하는 경향이 있다. 그러다 다시 가격이 오르면 재진입하여 매수하고, 또다시 조정이 오면 손실을 본 채 비트코인을 정리하는 패턴을 반복한다. 이러한 현상이 나타나는 주요 원인은 비트코인의 높은 변동성을 견디지 못하는 심리적 요인뿐만 아니라, 비트코인의 핵심 매커니즘과 시장 사이클을 충분히 이해하거나 신뢰하지 못하는 데서 비롯된다고 볼 수 있다.

비트코인은 일반적인 주식과는 성질이 근본적으로 다르다. 투자자 입장에서 매매하는 방식은 유사할 수 있지만, 자산의 본질적 가치와 시장 가격을 결정하는 요인이 주식과 크게 다르므로 이 차이를 명확히 이해하는 것이 중요하다.

비트코인의 가격을 결정하는 데는 여러 요인이 있지만 그중에서도 가장 핵심적인 요소는 반감기이다. 반감기는 약 4년마다 비트코인의 채굴 보상이 절반으로 줄어드는 주기를 의미한다. 비트코인의 총 발행량은 2,100만 개로 정해져 있으며, 이는 비트코인이 탄생한 이후 지금까지 계획 수정 없이 유지되어 채굴자들에게 공정하게 분배되고 있다.

비트코인이 처음 등장한 이후 초기 4년 동안은 약 10분마다 50개의 비트코인이 채굴자들에게 보상으로 지급되었다. 채굴이 뭔지를 쉽게 설명하자면, 채굴자는 은행과 유사한 역할을 한다. 은행이 고객의 계좌 잔액을 관리하고 업데이트하는 것처럼, 채굴자는 비트코인의 거래 내역을 검증하고 네트워크를 유지하는 역할을 수행한다. 이 작업은 누구나 참여할 수 있으며, 작업의 대가로 비트코인 보상을 지급받는 구조를 가진다.

비트코인 시스템은 이러한 자율적인 참여를 통해 유지되고 운영된다. 이 과정에서 채굴 보상은 4년마다 감소하는데, 이를 반감기라고 한다. 그리고 반감기가 도래할 때마다 수요 대비 공급이 줄어들어 비트코인의 희소성이 증가한다. 이는 비트코인의 가격에 중요한 영향을 미치는 핵심 메커니즘 중 하나다.

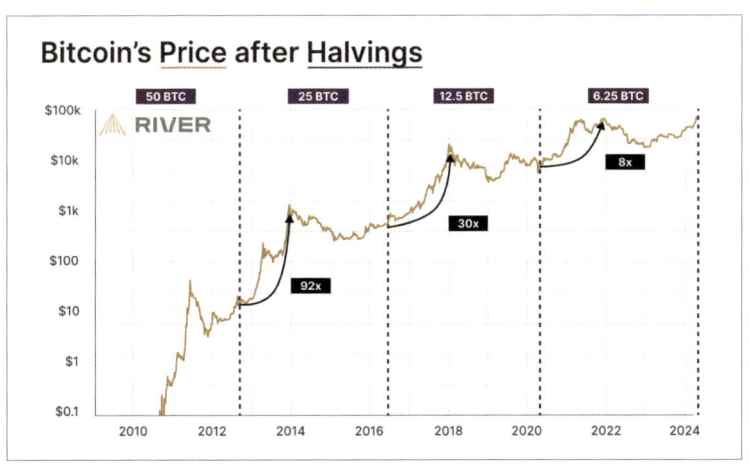
▲ 비트코인 반감기와 비트코인 가격의 상관관계 / 자료 : River

비트코인은 약 10분 주기로 새로운 블록이 생성된다. 시스템이 이를 일정한 속도로 유지하도록 설계되어 있으나 항시 정확히 10분인 것은 아니다. 따라서 비트코인의 시간 개념을 이해할 때는 '분'보다는 블록 단위로 접근하는 것이 더 정확하다.

비트코인은 210,000개의 블록이 생성될 때마다 반감기가 발생하도록 설계되어 있다. 블록이 약 10분마다 생성되므로, 210,000블록이 만들어지는 데 걸리는 시간은 대략 4년이다.

초기 4년 동안은 블록이 생성될 때마다 50개의 비트코인이 채굴자에게 보상으로 지급되었지만, 첫 번째 반감기 이후에는 보상이 절반으로 줄어 25개, 그다음에는 12.5개로 감소했다. 2025년 현재 블록당 채굴 보상은 3.125개로 줄어든 상태다.

즉, 시간이 지남에 따라 채굴자는 동일한 노력으로도 점점 더 적은 비트코인을 채굴할 수밖에 없는 구조이며, 특별한 외부 환경의 변화가 없다면 공급량 감소로 인해 비트코인의 희소성이 증가하면서 가격 상승 압력을 받도록 설계되어 있다. 이러한 특징과 시장의 다양한 조건이 맞물리면서, 비트코인은 약 4년 주기로 강세장을 형성해 왔다. 반감기가 발생한 이후 일정 기간이 지나면 비트코인의 가격이 크게 상승하는 패턴을 반복해온 것이다.

과거 데이터를 살펴보면 첫 번째 반감기 이후 비트코인은 92배 상승했으며, 두 번째 반감기 이후에는 30배, 세 번째 반감기 이후에는 8배 상승했다. 또한 과거 반감기 이후 비트코인의 최고점에 도달하기까지는 평균적으로 약 1년 6개월이 소요되었다. 가장 최근의 반감기는 2024년 4월에 진행되었으며, 기존 패턴을 따를 경우 이번 사이클에서 비트코인의 최고점은 2025년 하반기에 도달할 가능성이 크다고 예상할 수 있다.

또한 이번 비트코인 반감기 사이클에서는 시장의 중요한 변화가 감지되고 있다. 과거에는 비트코인이 전통 금융 시장에서 제대로 다루어지지 않았으며, 기관 투자자들이 공식적으로 비트코인을 자산 포트폴리오에 포함하는 데 여러 가지 제약이 있었다. 하지만 최근 들어 이러한 환경이 변화하면서 기관 투자자들의 시장 참여가 점차 확대되고 있다. 이러한 흐름은 비트코인의 가격 변동성과 시장 구조에 새로운 영향을 미칠 가능성이 있으며, 이번 최고점 이후의 시장 움직임이 기존 사이클과는 다른 양상을 보일 수도 있음을 시사한다.

특히 이런 변화의 중심에는 비트코인 ETF의 출시가 있다. 개인이 비트코인을 구매하는 것은 거래소를 통해 비교적 쉽게 가능하지만, 기관 투자자의 경우 상황이 다르다. 기관은 법적 규제를 준수해야 하므로 기존에는 거래소에서 직접 비트코인을 매수하여 자산으로 편입하는 것이 쉽지 않았다. 그러나 비트코인 ETF(상장지수펀드)가 도입되면서 상황이 크게 달라졌다. 비트코인 ETF는 전통적인 주식과 유사한 방식으로 거래되므로, 기존 금융 시장에서 주식을 사고파는 것처럼 기관 투자자들도 별다른 법적 제약 없이 비트코인에 투자할 수 있는 길이 열린 것이다.

이제 기관들은 비트코인을 하나의 자산군으로 포트폴리오에 편입할 수 있으며, 이에 따라 시장의 유동성이 증가하고 대규모 자금이 보다 쉽게 비트코인 시장으로 유입될 수 있는 환경이 조성되었다. 이는 비트코인의 시장 구조와 가격 움직임에 있어 중요한 변곡점이 될 가능성이 크다.

뿐만 아니라 트럼프 대통령이 당선된 이후 비트코인과 암호화폐 관련 정책이 더욱 긍정적인 방향으로 추진되고 있다. 과거에는 비트코인과 암호화폐 자산이 법적 테두리 밖에서 다루어졌지만, 이제는 법의 보호를 받는 제도권 내로 편입되는 흐름을 보이고 있다.

그러나 법적 테두리 안으로 들어왔다고 해서 비트코인의 본질이 바뀌는 것은 아니다. 비트코인은 탈중앙화된 시스템으로 설계되어 있어, 법의 보호를 받든 그렇지 않든 자율적이고 안정적으로 작동한다. 암호학적 원리를 기반으로 설계된 비트코인은 외부 공격에도 안전한 구조를 갖추고 있으며, 국가나 법적 규제로부터 독립적인 특성을 유지한다.

그럼에도 불구하고 대다수의 일반 투자자들은 법적으로 보호받는 안정적인 자산을 선호하는 경향이 있다. 즉, 비트코인의 탈중앙성을 훼손하지 않으면서도, 보다 많은 사람들이 안심하고 투자할 수 있는 환경이 조성되고 있는 것이다.

따라서 이번 4년 주기로 돌아오는 비트코인 강세장은 이전과는 다소 다른 성격을 가질 가능성이 크다. 비트코인의 채굴 보상이 크게 줄어들었기 때문에, 과거와 같은 극단적인 수익률을 기대하기는 어려울 수 있지만, 동시에 급격한 가격 변동 리스크도 감소했다고 볼 수 있다.

과거에는 개인 투자자 중심으로 시장이 움직이며 높은 변동성을 보였지만, 이제는 기관과 국가의 개입이 확대됨에 따라 시장이 점차 성숙해지고 있으며, 이전처럼 극단적인 가격 변동이 줄어들고 있는 추세다.

비트코인은 장기적으로 꾸준한 상승세를 유지해 온 자산이며, 반감기마다 큰 폭의 상승을 경험해 왔다. 늘 그렇지만 이번 반감기는 향후 반감기 중 가장 높은 상승률을 기록할 가능성이 있는 마지막 반감기일지도 모른다.

시간이 지나면서 비트코인의 가치는 지속적으로 상승할 것으로 예상된다. 하지만 지금까지 92배 → 30배 → 8배로 상승률이 점차 둔화된 것처럼 앞으로도 상승폭은 점차 줄어들 가능성이 높다.

그래도 비트코인은 여전히 기회의 시장이며 아직 늦지 않았다. 시장이 점차 성숙해지고 있지만 여전히 성장 가능성이 크다. 비트코인이 가진 희소성과 반감기의 영향력을 고려하면 장기적인 관점에서 투자 기회가 유효하다고 볼 수 있다.

2-2 최초의 암호화폐는 비트코인이 아니다

최초의 암호화폐는 비트코인이 아니었다. 비트코인은 2008년 10월 30일 익명의 개발자인 사토시 나카모토(Satoshi Nakamoto)에 의해 백서가 처음 공개되었다. 이후 2009년 1월 3일 비트코인 시스템이 처음 가동되면서, 디지털 화폐의 시대가 본격적으로 열렸다.

그러나 비트코인이 등장하기 전에도 수많은 학자들이 디지털 화폐를 구현하기 위해 다양한 시도를 해왔다. 비트코인은 이러한 선행 연구와 기술적 시도들이 축적된 끝에 '사토시 나카모토에 의해 완성된 결과물'이라고 할 수 있다.

디지털 화폐의 개념은 1982년 데이비드 차움(David Chaum)에 의해 처음 구체화되었다. 그는 〈Blind Signatures for Untraceable Payments(추적 불가능한 결제 시스템)〉이라는 논문을 발표하여, 암호화된 전자화폐 시스템의 기초를 마련했다. 이후 1994년 그는 자신의 전자화폐 개념을 현실화한 세계 최초의 디지털 화폐 결제 시스템 이캐시(E-Cash)를 개발해 선보였다.

▲ 데이비드 차움과 함께 디지캐시에서 일했던 팀원 / 자료 : chaum.com/ecash

위 그림은 데이비드 차움이 이캐시를 만들기 위해 세운 업체 디지캐시(Digi-Cash)의 팀원들이다. 사진에 나와 있는 컴퓨터들을 보면 개인용 컴퓨터가 보급된 지 얼마 안 된 시기임을 확인할 수 있다.

당시에는 일반 대중이 인터넷이 무엇인지조차 잘 몰랐던 시기였다. 국내에서는 'PC통신'이리 불리는 네트워크 서비스가 점차 확산되며 인터넷 사용자도 서서히 증가했지만, 본격적으로 지금과 같은 형태의 인터넷이 활용되기 시작한 것은 1998년부터였다. 전자상거래 역시 2000년 이후에 들어서야 활성화되었다.

데이비드 차움은 인터넷이 본격적으로 보급되기 전부터, 머지않아 인터넷이 활성화되고 사람들이 전자상거래를 적극적으로 활용할 것이라고 예측했다. 그리고 전자상거래가 확대되면 이에 적합한 결제 시스템이 필수적일 것이라 내다보았다. 이에 그는 인터넷 시대에 걸맞은 보안성과 익명성을 갖춘 암호화 기술을 기반으로 한 디지털 결제 시스템으로 이캐시를 개발한 것이다.

디지캐시는 1996년부터 이캐시를 기반으로 도이치뱅크, 뱅크오스트리아 등 주요 은행들과 협업을 이루어냈다. 1998년까지 다양한 금융 기관과 협력하며 가능성을 모색했지만, 결국 파산에 이르게 된다. 결과적으로 이캐시는 혁신적인 아이디어와 뛰어난 실행력을 갖추었음에도 불구하고 망해버렸다. 시장에서 너무 이른 시기에 사업화되면서 충분한 대중적 확산의 시간을 확보하지 못한 것이 실패의 주요 원인으로 보인다. 그럼에도 불구하고 이 시기에도 디지털 화폐의 필요성을 인식하고 선구적인 아이디어를 제시한 이들이 존재했다는 점에서 이캐시는 중요한 의미를 갖는다.

데이비드 차움 이후 디지털 화폐의 발전을 위한 새로운 아이디어들이 지속적으로 등장했다. 1998년 컴퓨터 과학자 웨이 다이(Wei Dai)는 암호화폐 비머니(B-Money)를 발표하며, 디지털 화폐 시스템의 핵심 요소인 작업증명 합의 방식을 최초로 제안했다. 이 개념은 후에 비트코인 백서에도 인용되었는데, 비트코인 채굴 시스템의 근본적인 원리라 할 수 있다. 다만 웨이 다이는 이를 실제로 구현하지 못하고 아이디어 제시에 그쳤다.

이후 닉 자보(Nick Szabo)가 웨이 다이의 개념을 확장하여 비트골드(Bit Gold)라는 보다 발전된 디지털 화폐 시스템을 개발했다. 그는 디지털 환경에서 수많은 종류의 약속된 동작이 자동으로 실행될 수 있는 개념인 스마트컨트랙트(Smart Contract)를 적용한 최초의 화폐 시스템을 구상했다. 하지만 그 또한 실현 단계에 이르지는 못했다.

시간이 흘러 2008년, 익명의 개발자 사토시 나카모토(Satoshi Nakamoto)가 비트코인 백서를 공개했고, 3개월 후인 2009년 초에는 비트코인 시스템을 런칭시켰다. 그는 비트코인 백서를 발표하기 전부터 핵심 시스템 개발과 테스트를 상당 부분 진행해온 상태였다. 그래서 백서를 공개한 후 약 3개월 만에 백서가 그대로 구현된 시스템을 정식으로 출시할 수 있었다.

완성된 비트코인 시스템은 기존의 수많은 디지털 화폐 연구에서 해결하지 못했던 가장 큰 난제, 즉 이중지불(Double-Spending) 문제를 해결하는 데 성공했다. 예를 들어 내가 100원을 보유한 상태에서 철수에게 100원을 보내고, 동시에 민수에게도 같은 100원을 보낼 수 있다면 이는 이중지불이 발생한 것이다. 이는 중앙화된 시스템에서는 발생하지 않지만, 탈중앙화된 환경에서는 발생할 수 있는 문제다. 중앙화된 금융 시스템에서는 중앙 서버가 모든 거래를 순차적으로 검증하기 때문에, 철수에게 100원을 보낸 이후에는 민수에게 100원을 보내는 것을 승인하지 않는다. 그러나 탈중앙화된 시스템에서는 거래 검증이 특정 기관이 아니라 네트워크 참여자들의 합의를 통해 이루어지므로 어떤 참여자들은 철수에게 100원을 보낸 것을 승인하고 다른 참여자들은 민수에게 100원을 보낸 것을 승인한다. 이러면 이중지불이 발생할 가능성이 있다.

이러한 문제를 해결하지 못해 기존의 수많은 디지털 화폐 프로젝트가 실패했지만, 비트코인은 이를 완벽히 해결했다. 비트코인 네트워크가 출시된 이후 지금까지 단 한 번도 이중지불 문제가 발생하지 않은 것이다. 비트코인 네트워크는 암호화폐의 채굴 과정에서 가장 먼저 채굴에 성공한 1명의 참여자가 거래 내용을 기록하여 블록을 생성한 뒤, 나머지 참여자들은 그 블록의 내용을 검증하는 형태로 이중지불 문제를 해결했다.

결과적으로 인류 역사상 처음으로 중앙 기관 없이 인터넷 환경에서 완벽하게 작동하는 디지털 화폐가 탄생한 것이다. 하지만 비트코인이 탄생하기까지는 수많은 연구자들이 오랜 시간 동안 디지털 화폐 시스템을 연구하고 발전시켜 온 노력이 있었다.

비트코인 투자자라면 왜 비트코인이 등장했는지, 왜 현재 우리가 비트코인을 필요로 하는지, 그리고 비트코인이 왜 미래에도 지속되어야 하는지에 대한 근본적인 의문을 가져야 한다. 비트코인의 역사와 그 이전의 디지털 화폐 연구를 살펴보면, 이러한 질문에 대한 답을 찾을 수 있다.

디지털 시대가 도래하면서 인류는 디지털 환경에 적합한 화폐 시스템을 필요로 하게 되었고, 이를 실현하기 위해 수많은 연구자들이 노력해왔다. 비트코인이 탄생하지 않았더라도, 결국 누군가는 이와 유사한 개념의 디지털 화폐를 개발했을 것이다. 그렇기에 비트코인은 단순한 투자 자산 이상의 의미를 가지며, 앞으로도 지속될 수밖에 없는 인류 역사의 필연적 산물로 바라보아야 한다.

주식과 비교할 수 없는 지속가능성

전 세계 투자 자산의 시가총액 순위를 살펴보면, 1위는 단연 금이다. 그 뒤를 이어 2위부터 6위까지는 애플, 마이크로소프트, 엔비디아, 아마존, 구글이 차지하고 있다. 최근 은이 7위로 올라섰으며, 8위에는 비트코인이 자리하고 있다.

그렇다면 100년 후, 이 시가총액 순위는 어떻게 변화할까? 현재 상위권에 속한 기업들 중 100년 후에도 그 자리를 유지할 기업은 과연 어디일까? 이를 예측하는 것은 쉽지 않다. 글로벌 매거진 포춘(Fortune)에 따르면, 세계 500대 기업의 평균 수명은 30년이며, 100대 기업이 5년 내 생존할 확률은 50%, 10년 내 생존할 확률은 16%에 불과하다고 한다.

실제로 시가총액 5위인 아마존의 창업자 제프 베이조스(Jeff Bezos)는 직원들에게 이렇게 말했다. "아마존도 언젠가 망할 것입니다. 대

기업의 평균 수명은 100년이 아니라 30년을 조금 넘는 정도니까요." 즉, 현재 시가총액 10위권에 속한 기업 중 100년 후에도 이 자리를 지킬 곳은 극히 드물 것이라는 얘기다.

Rank	Name	Market Cap	Price	Today	Price (30 days)	Country
1	Gold (GOLD)	$21.791 T	$3,245	0.58%		
2	Apple (AAPL)	$3.042 T	$202.52	2.21%		USA
3	Microsoft (MSFT)	$2.882 T	$387.81	-0.16%		USA
4	NVIDIA (NVDA)	$2.706 T	$110.71	-0.20%		USA
5	Amazon (AMZN)	$1.961 T	$182.12	-1.49%		USA
6	Alphabet (Google) (GOOG)	$1.952 T	$161.47	1.30%		USA
7	Silver (SILVER)	$1.817 T	$32.29	0.38%		
8	Bitcoin (BTC)	$1.691 T	$85,246	0.51%		
9	Saudi Aramco (2222.SR)	$1.673 T	$6.92	0.19%		S. Arabia
10	Meta Platforms (Facebook) (META)	$1.377 T	$531.48	-2.22%		USA

▲ 전 세계 투자 자산 순위 / 자료 : 컴퍼니즈마켓캡

그렇다면 실질적으로 100년 후의 시가총액 순위권에는 어떤 자산이 있을 것인가? 우선은 오늘날과 달리 기업의 입지는 더욱 줄어들 것이다. AI 등 디지털 기술의 발전으로 인해 기술 혁신의 주기가 짧아지면서 기업의 수명은 앞으로 더욱 단축되리라 예측된다.

역사적으로 볼 때 시가총액 상위권을 지속적으로 유지해온 것은

금과 은이다. 이들은 오랜 세월 동안 인류에게 자산 가치를 인정받아 왔으며 앞으로도 그 가치를 유지할 가능성이 크다. 금과 은이 지속적으로 가치 있는 자산으로 평가받는 이유는 명확하다. 이들의 총량은 제한적이며 인위적으로 추가 생산될 수 없다. 또한 특정 개인이나 기관이 그 가치를 좌우할 수 없다는 점에서 안정성을 가진다.

금과 은을 제외하고, 앞으로 100년 혹은 1,000년 동안 시가총액 상위 10위권을 유지할 가능성이 가장 높은 자산은 무엇일까? 바로 비트코인이다. 비트코인은 금보다 더 편리하고 빠르며, 기존 화폐보다 디지털 환경에 적합하고 활용성이 뛰어나다는 점에서 강력한 경쟁력을 갖는다. 비트코인은 디지털 세상이 존재하는 한 사라지지 않을, 지속가능한 자산이다.

비트코인은 국경을 초월한 자산 이동이 가능하며, 어느 국가 체제 아래에서도 가장 자유롭고 안전한 자산으로 기능한다. 그러면서 최근에는 금융 시스템의 기초자산으로도 활용되고 있다. 미국은 트럼프 당선 이후 국가 전략적 비축 자산으로 비트코인을 활용할 계획이라고 밝혔다. 이러한 변화는 비트코인의 독특한 가치가 점차 입증되고 있다는 증거이기도 하다.

아직도 많은 사람들이 비트코인을 단순한 투자 상품으로만 바라보거나 그 가치를 의심한다. 그러나 비트코인에 대해 깊이 연구해보면, 세월이 지나도 가장 가치 있는 자산 중 하나로 자리 잡을 것임을 확신할 수 있다.

흔히 주식 투자는 장기적으로 가능하지만, 비트코인은 단기 투자에 적합하다고 생각하는 사람들이 많다. 이는 비트코인의 변동성이 크기 때문이다. 그러나 더 넓은 관점에서 보면 오히려 비트코인이야말로 장기 투자해야 하는 자산이다. 주식은 장기 투자가 어렵다. 기업은 사라질 수 있기 때문이다. 그러나 비트코인은 다르다. 100년이 지나도, 1,000년이 지나도 사라지지 않는다. 인류가 존재하는 한, 비트코인은 인류 역사와 함께할 것이다.

반감기를 이해한 투자자만이 성공한다

비트코인은 기존의 투자 자산과는 다른 독특한 발행 메커니즘을 가지고 있다. 바로 비트코인 '반감기'라는 이벤트다. 앞서 말한 대로 비트코인의 총 발행량은 2,100만 개로 고정되어 있다. 2025년 1월 기준으로 약 1,980만 개가 이미 발행되었으며 현재 남아있는 발행 가능량은 약 120만 개 정도다. 모든 비트코인이 발행되는 시점은 2140년경으로 예상된다.

    비트코인은 완전히 탈중앙화된 시스템으로, 이를 운영하는 특정한 주체가 존재하지 않는다. 대신 완성된 프로그램이 자율적인 참여자들에 의해 유지되는 구조를 갖는다. 이때 비트코인 시스템의 운영에 참여하는 이들을 '채굴자'라고 부른다. 기존 금융 시스템에서는 은행이 원장을 기록하고 관리하는 역할을 수행했다면, 비트코인의 원장을 기록하고 검증하는 역할은 채굴자들이 맡는 것이다.

채굴자들은 네트워크를 유지하는 대가로 새롭게 발행되는 코인을 보상받는다. 비트코인 시스템은 독특한 채굴 시스템을 통해 채굴자간에 공정한 경쟁이 이루어지도록 설계되었다. 컴퓨팅 자산을 활용해 복잡한 공학 문제를 먼저 푼 채굴자만이 원장을 기록할 수 있는 권한을 얻고, 비트코인을 보상받게 한 것이다. 비트코인의 원장은 약 10분에 한 번씩 기록되는데 이때 가장 먼저 문제를 풀고 블록의 내용을 기록하는 채굴자는, 해당 블록에 담긴 신규 발행 코인의 소유자를 지명할 권한을 얻는다.

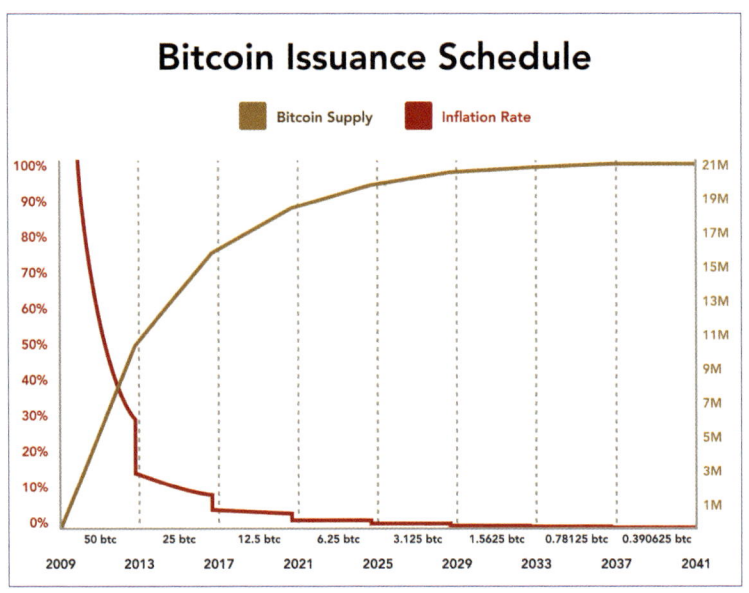

▲ 비트코인 공급량과 인플레이션 비율 변화 / 자료 : River

위 그림은 비트코인 반감기에 따라 비트코인의 공급량과 인플레이션 비율이 어떻게 변화하는지를 보여준다. 지금까지 비트코인 반감기는 총 네 차례 있었다. 첫 번째 반감기는 2012년 11월 28일, 두 번째는 2016년 7월 10일, 세 번째는 2020년 5월 12일 그리고 네 번째 반감기는 2024년 4월 20일이었다.

이러한 감소가 계속 진행되면, 2140년경에 모든 비트코인이 발행을 마치게 된다. 따라서 그때의 채굴자들은 비트코인 네트워크를 유지하는 대가로, 사용자들이 트랜잭션을 보낼 때 발생하는 수수료를 보상으로 받게 될 것이다.

비트코인은 역사적으로 반감기마다 큰 폭의 가격 상승을 경험해 왔다. 이를 이해하려면 채굴자의 입장에서 생각해 볼 필요가 있다. 예를 들어 반감기 이전에는 같은 양의 채굴 활동을 통해 1억 원의 수익을 올릴 수 있었지만 반감기 이후에는 보상이 절반으로 줄어, 수익이 5,000만 원으로 감소한다.

일의 양과 채굴자의 능력은 변함이 없지만, 보상이 절반으로 줄어든다면 어떤 일이 벌어질까? 수익성이 낮아진 채굴자는 시장에서 퇴출되고, 시장에서 버티는 채굴자들은 비트코인을 헐값에 팔지 않는다. 그러면 비트코인 공급이 감소하여 시장 가격 상승으로 이어진다.

비트코인 네트워크는 채굴자들이 유지하고 운영하는 구조이다. 그러니 보상이 충분히지 않다면 채굴자들이 계속해서 네트워크를 유지하기 어려워질 수 있다. 따라서 반감기는 채굴자의 수익성과 시장 가격이 균형을 이루도록 조정되는 이벤트이다. 이때 반감기는 비트코인 가격의 상승을 유도하는 요소로 작용하는 셈이다.

▲ 비트코인 가격 모델 / 자료 : woocharts.com

위 그래프는 지금까지의 비트코인 가격 차트로, 네 개의 굵은 막대는 반감기 직전 시점을 표시한 것이다. 고로 이 막대의 마지막 지점은 각각 반감기가 시작된 시점이다. 이 차트는 반감기와 비트코인 가격 간의 상관관계를 가장 잘 이해할 수 있도록 구성되어 있다.

전체적인 흐름을 살펴보면 반감기 이후 비트코인 가격이 급격하게 상승하는 경향을 확인할 수 있다. 과거 세 번의 반감기에서도 동일한 패턴이 나타났는데, 반감기 이후 가격이 크게 상승한 뒤 고점을 찍고 조정을 받는 흐름을 보였다. 이러한 패턴이 반복되면서 비트코인은 장기적으로 꾸준한 우상향 그래프를 그려왔다.

가장 최근에 발생한 반감기는 2024년 4월 20일이다. 아직까지는 과거와 동일한 수준의 급격한 상승세는 나타나지 않았지만, 이전 반감기 패턴을 고려하면 비트코인의 가격이 꾸준히 상승할 가능성이 크다고 볼 수 있다.

이 책은 비트코인보다는 알트코인에 대한 내용을 더 비중 있게 다루고 있다. 하지만 대부분의 알트코인은 비트코인의 가격 흐름을 따르기 때문에, 비트코인의 방향성을 이해하지 못한 채 알트코인에 투자하는 것은 위험하다.

비트코인의 가격 예측에 있어서는 반감기의 영향력이 가장 크기 때문에, 과거 빈감기 패턴과 가격 변동의 상관관계를 분석해봤다 그러면 이번 반감기 이후 비트코인 가격이 어느 수준까지 상승할 가능성이 있는지도 가늠해볼 수 있다.

또한 비트코인이 고점을 기록한 후에는 조정을 받는 현상이 반복되었다는 점도 반드시 숙지해 두어야 한다. 비트코인을 10년 이상 장기 투자할 계획이라면 이러한 조정 기간을 크게 신경 쓰지 않아도 되지만 말이다. 특히 알트코인의 경우 수명이 짧고 가격 조정이 심할 때는 최대 90%까지 하락하는 경우도 많다. 따라서 조정 구간이 오기 전에 투자한 알트코인을 현금화해두는 게 매우 중요하다.

비트코인 도미넌스를 주시하라

알트코인 투자자는 비트코인 도미넌스(Bitcoin Dominance)에 대해 반드시 이해해둬야 한다. 비트코인 도미넌스란 전체 암호화폐 시가총액에서 비트코인이 차지하는 비율을 의미한다. 비트코인 도미넌스 차트를 확인하지 않고 알트코인에 투자하는 것은, 마치 처음 가는 길을 내비게이션 없이 운전하는 것과 같다.

다음 그림은 2018년 6월부터 2025년 1월까지의 비트코인 도미넌스 변화를 보여준다. 2021년 1월 3일 비트코인 도미넌스는 70.3%까지 상승했으며, 2022년 11월경에는 35%까지 하락했다.

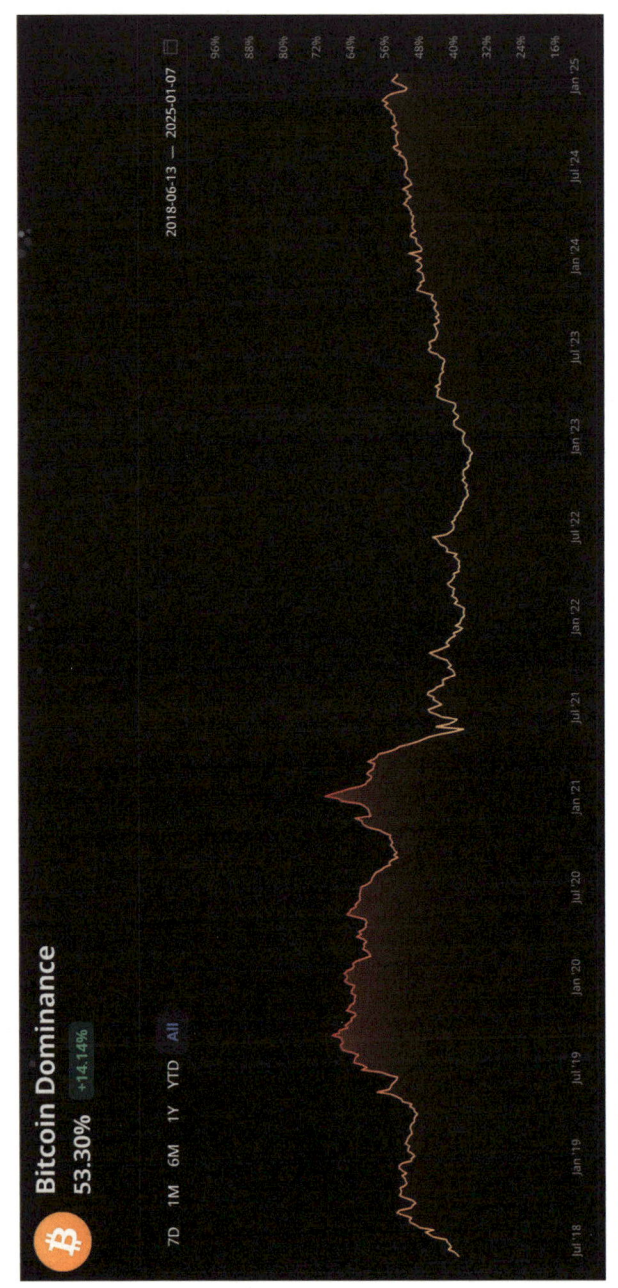

▲ 비트코인 가격 모델 / 자료 : woocharts.com

과거 패턴을 살펴보면 비트코인 반감기 이후 비트코인 가격이 상승할 때 동시에 비트코인 도미넌스도 상승하는 경향이 있었음을 알 수 있다. 이후 비트코인 가격이 정점을 찍으면 도미넌스가 하락하기 시작했고 이 시점에서 알트코인이 폭발적으로 상승했다. 하지만 이후에는 비트코인과 알트코인 가격이 동반 하락하며, 반감기 이후 상승장이 마무리되고 조정 국면이 시작되었다.

2025년 1월 기준 비트코인 도미넌스는 53~55% 수준을 유지하고 있다. 최근 비트코인 도미넌스는 반감기 이후 지속적으로 상승하는 모습만 보이고 있다. 아직 도미넌스가 제대로 하락하지 않았다는 점을 고려하면, 비트코인 가격이 추가 상승할 가능성이 높다. 과거 패턴대로라면 비트코인이 최고점에 도달한 이후 도미넌스가 하락하기 시작하며 이때부터 알트코인이 폭발적으로 상승하는 국면이 온다. 이후 알트코인 역시 시장에서 최고점을 기록하게 되는데, 이때가 투자자가 수익을 실현하기에 가장 적절한 시기다.

따라서 알트코인 투자자는 반드시 비트코인 도미넌스가 최고점을 찍고 하락하기 시작하는 시점을 확인해야 한다. 도미넌스가 하락하면서 알트코인이 급격히 성장하지만, 이후 시장의 열기가 식으면서 급격한 조정과 하락이 발생할 가능성이 크다. 물론 정확한 타이밍을 예측하는 것은 불가능하기에 비트코인 도미넌스 차트를 지속적으로 확인한다면 최소한 지금이 알트코인 불장(강세장)인지, 혹은 수익을 실현해야 하는 시점인지 판단하는 데 도움이 될 수 있다.

일부 알트코인 투자자는 포트폴리오에 비트코인을 포함하지 않는 경우도 있다. 하지만 비트코인에 투자하지 않더라도, 반드시 비트코인 반감기와 비트코인 도미넌스 차트는 주의 깊게 살펴봐야 한다. 코인 시장의 모든 흐름을 결정하는 핵심 요소가 바로 비트코인 가격과 도미넌스이기 때문이다.

주식시장으로 따지면 투자한 종목이 아무리 우수하더라도 코스피 지수가 계속 하락하면 손실을 피할 수 없는 것과 유사하다. 암호화폐 시장에서 비트코인 가격은 코스피 지수와 비슷한 역할을 한다. 알트코인은 개별 종목에 해당한다고 볼 수 있다. 따라서 알트코인 투자자는 시장의 전반적인 흐름을 파악하기 위해 비트코인 가격과 도미넌스를 반드시 주시해야 한다.

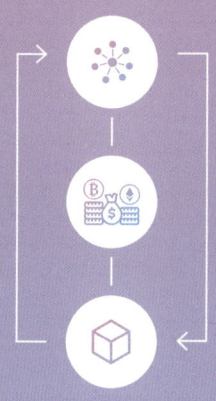

Chapter

알트코인 시장 한눈에 보기

3

3-1 이제 막 시작한 알트코인 불장

 알트코인에 투자하는 이유는 다양하지만, 궁극적으로 비트코인보다 더 높은 수익률을 기대하기 때문에 알트코인에 투자한다고 볼 수 있다. 만약 비트코인의 수익률을 넘어서지 못한다면, 굳이 높은 리스크를 감수하면서까지 알트코인을 선택할 이유가 없다. 오히려 장기적으로 안정성을 갖춘 비트코인을 보유하는 것이 더 나은 전략이 될 것이다.

 따라서 알트코인 투자의 기본 원칙은 비트코인보다 높은 성과를 거두는 것이다. 만약 자신의 포트폴리오에 비트코인 대비 성과가 저조한 알트코인이 많다면, 알트코인 투자에 대해 다시 공부해볼 필요가 있다. 또는 알트코인 투자가 본인의 투자 스타일과 맞는지 점검해보는 것도 중요하다. 지속적으로 비트코인보다 낮은 수익률을 기록한다면, 알트코인 투자를 중단하고 비트코인에 집중하는 것이 더

현명한 선택일 수 있다.

그러나 알트코인 시장의 흐름을 제대로 이해하고 전략적으로 접근한다면, 누구나 비트코인 이상의 수익을 낼 수 있다. 이 책은 알트코인 투자에서 성공적인 성과를 거두기 위한 중요한 가이드가 되어줄 것이다.

알트코인 시장은 본격적으로 활황을 맞이하고 있다. 이를 평가하는 대표적인 지표 중 하나가 '알트코인 시즌 인덱스(Altcoin Season Index)'이다. 이 지표는 기본적으로 최근 90일 동안 상위 50개 코인이 비트코인 대비 얼마의 상승률을 보이고 있는지를 보여준다. 그리고 그 비율이 75% 이상일 경우 '알트코인 시즌'으로 간주한다. 단, 달러 등 기존 화폐에 가치가 연동된 스테이블코인(Stable Coin)이나 스테이킹된 이더리움(stETH)과 같은 자산은 계산에서 제외된다.

한편 알트코인 시즌 인덱스는 2024년 12월에 잠시 75%를 넘어섰으나, 이후 20% 아래로 떨어지기도 했는데 이런 움직임은 1년에 한 번씩 나오는 편이다. 따라서 90일 단위의 계산은 비교적 단기적인 움직임이 포착되기에, 4년 단위로 찾아오는 알트코인 불장을 파악하기엔 부적합하다.

그래서 알트코인 시즌 인덱스는 90일이 아닌, 연단위로도 분석할 수 있다. 보다 장기적인 흐름을 파악하기 위해서는 연단위로 살펴보는 것이 유용하다. 아래 차트는 연단위로 알트코인의 흐름을 나타낸 것이다.

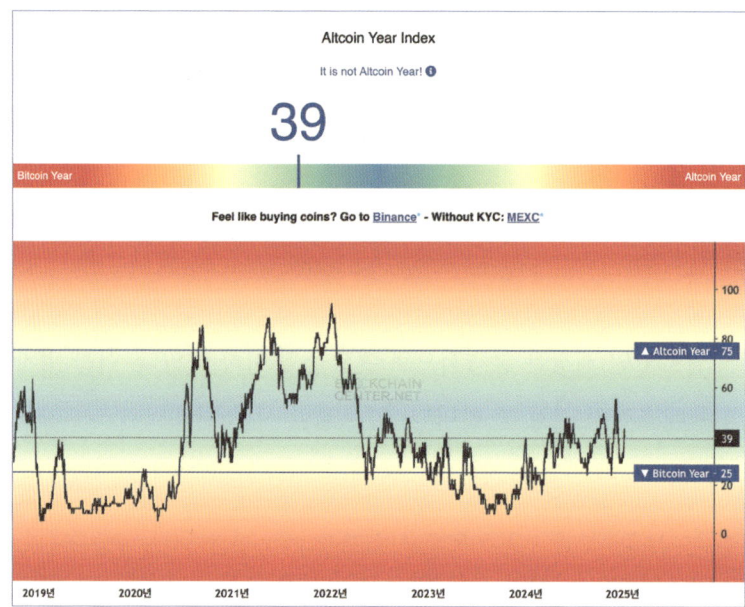

▲ 연단위 알트코인 인덱스 지표 / 자료 : blockchaincenter.net

만약 최근 1년 동안 상위 50개 알트코인의 상승률이 비트코인보다 75% 이상 높다면 '알트코인 해(Year of Altcoin)'로 평가한다. 이 시기가 바로 알트코인이 가장 강한 상승세를 보이는 '알트코인 불장' 구간인데 2022년 이후로는 한 번도 찾아온 적이 없다. 2025년 1월 기준 연단위 알트코인 인덱스(Altcoin Year Index)는 39로, 불장 기준인 75 이상을 달성하기까지는 아직 갈 길이 멀다.

비트코인 세 번째 반감기인 2020년 5월 이후 불장 시기에, 연단위 알트코인 인덱스가 75를 초과한 경우는 총 3번 있었다. 이는 비트코인 불장 이후 알트코인 불장이 어떻게 찾아오는지 패턴을 보여준다. 이 점을 고려하면 현재의 알트코인 시장은 본격적인 상승 국면의 초입 정도에 위치해 있을 가능성이 높기에 앞으로의 흐름을 주목할 필요가 있다.

과거의 차트 움직임을 고려하면 비트코인 불장 이후 알트코인 시즌과 알트코인 해는 반드시 오게 되어 있다. 알트코인에 투자하는 투자자라면 지금이 그 시기인지 아닌지를 반드시 살펴봐야 한다. 만약 이미 알트코인 시즌과 알트코인 해가 지나갔다면 그때는 수익화를 어떻게 할지 고민해야 하는 시기다. 반대로 연단위 알트코인 시즌 차트에서 여전히 알트코인이 75점을 넘지 못하고 있다면 투자의 기회는 열려있는 셈이다.

다음 그래프를 보면 2025년 1월 기준 비트코인은 1년 동안 118% 상승했다. 비트코인보다 더 많이 오른 알트코인은 왼쪽으로 나열되어 있고 비트코인보다 더 적게 오른 알트코인은 오른쪽에 나열되어 있다.

가장 많이 오른 건 페페(PEPE)로 1,539%가 상승했고 비트겟(Bitget) 거래소 토큰인 BGB는 992% 상승했다. 그 다음은 수이(SUI) 483%, 도지(DOGE) 345%, 리플(XRP) 327%로 기록됐다.

그러나 50개 코인 중 비트코인보다 상승폭이 높은 건 19개 코인 정도다. 이는 연단위 알트코인 시즌 인덱스가 75%를 넘지 못하고 있는 이유이기도 하다.

아무리 비트코인이 높은 상승폭을 기록하더라도 그보다 높은 상승폭을 기록하는 소수의 알트코인은 언제나 시장에 존재한다. 그러나 내가 투자한 알트코인이 그러한 소수의 코인에 끼지 못했다고 해

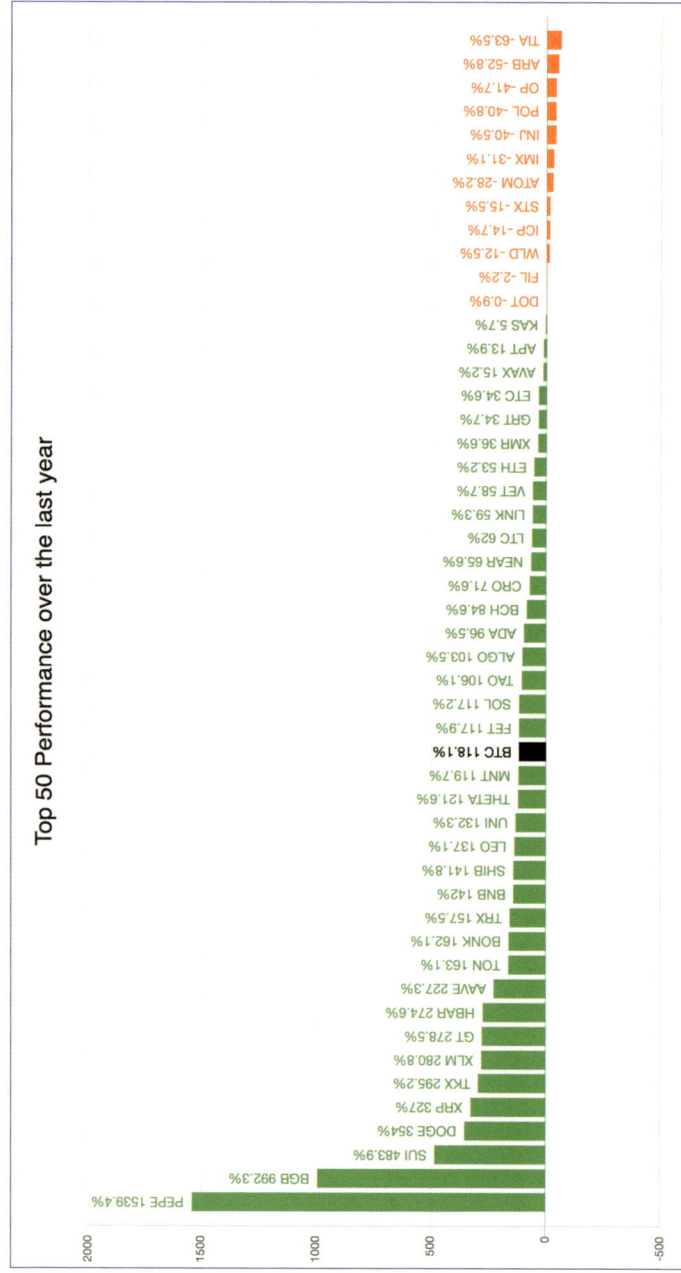

▲ 2025년 상반기 기준 상위 50개 알트코인의 1년 성장률 / 자료 : blockchaincenter.net

서 낙담할 필요는 없다. 본격적인 알트코인 시즌이 찾아오게 되면, 특별한 악재가 없는 한 적어도 상위 50위권 안에 든 코인들은 좋은 움직임을 보인다.

코인 시장을 구성하는 것들

알트코인 투자에 성공하기 위해서는 코인 시장 전체를 조망할 수 있는 안목이 필요하다. 이를 위해서는 코인의 채굴 방식과 블록체인 인프라에 대한 기초지식을 갖춰야 한다. 이러한 개념을 이해한 후, 최신 트렌드의 흐름까지 파악할 수 있어야 비로소 성공적인 알트코인 투자가 가능하다.

전체 코인 시장을 조망하는 관점에는 여러 가지가 있다. 여러 코인을 역사적 흐름에 따라 나열할 수도 있고 채굴의 방식(작업증명, 지분증명 등)에 따라 구분할 수도 있다. 또한 코인의 카테고리(디파이, NFT, 게임파이 등)별로 분석할 수도 있다. 각각의 관점은 목적과 상황에 따라 쓰임새가 다르다. 그렇더라도 코인 커뮤니티에서 소통하다 보면 기반지식을 필요로 하는 경우가 많으므로, 종합적으로 이해해 두는 것이 중요하다.

아래 그림은 필자가 코인 시장을 바라보는 기준이다. 비트코인 계열, 이더리움 계열, 레이어1 메인넷, 금융 및 기타로 분류하고 있는데, 위에서 말한 세 가지 관점이 조금씩 조합되어 있다. 이 기준은 투자자로서 전체적인 시장 구조를 단순화시켜 바라보기에 유용하다.

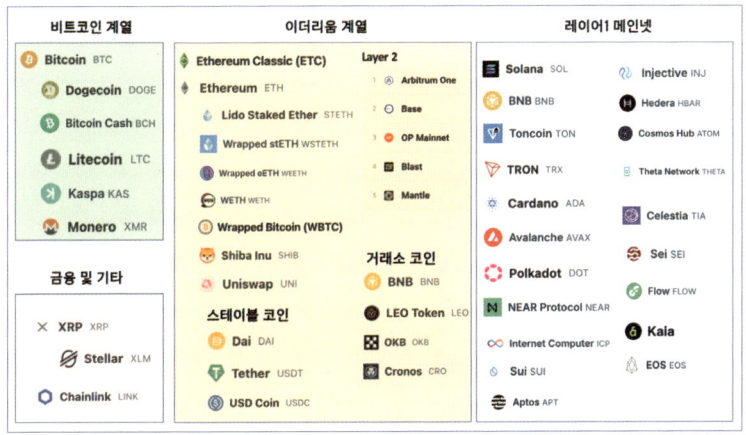

▲ 코인 시장 생태계

알트코인에 투자하기 전에 비트코인에 대한 이해는 필수적이다. 모든 알트코인의 개념과 발전은 비트코인에서 시작되었기 때문에, 비트코인을 제대로 이해하지 않고 알트코인에 투자한다면 성공하기 어렵다.

필자는 비트코인을 통화(화폐)로 분류한다. 또한 비트코인의 합의 알고리즘(Algorithm)인 작업증명(Proof of Work, PoW)을 사용하는 코인들을 비트코인 계열로 정의한다. 이 범주에 속하는 대표적인 코인으로는 도지코인, 비트코인캐시(Bitcoin Cash), 라이트코인(Litecoin), 카스

파(Kaspa), 모네로(Monero) 등이 있다. 이들 코인은 속도나 확장성에서 차이를 보이나, 기본적으로 모두 화폐 기능을 중심에 두고 있다.

비트코인 계열의 코인들은 작업증명 방식을 통한 전통적인 채굴 방식을 사용한다. 즉, 컴퓨팅 파워를 활용한 채굴이 이루어지기에, 가용 가능한 컴퓨팅 리소스가 있다면 누구나 채굴자가 될 수 있다. 네트워크는 컴퓨팅 파워를 갖춘 채굴자들에 의해 유지 및 관리되는데, 이러한 구조는 비트코인의 탈중앙성과 보안을 뒷받침하는 핵심 요소다.

비트코인 계열 외에 두 번째 분류는 이더리움 계열이다. 이더리움의 가장 큰 특징은 스마트컨트랙트(Smart Contract) 기능이다. 쉽게 말해, 블록체인 기술을 활용하여 다양한 애플리케이션을 개발할 수 있는 플랫폼이 바로 이더리움이다.

비트코인 계열이 주로 화폐와 자산의 역할을 한다면, 이더리움 계열은 블록체인 비즈니스의 플랫폼 역할을 수행한다. 여기서는 디파이, NFT, DAO(Decentralized Autonomous Organization, 탈중앙화 자율조직) 등 토큰 인센티브(Token Incentive) 시스템을 적용한 다양한 탈중앙화 애플리케이션이 개발되고 있다.

세 번째 분류는 레이어1 블록체인이다. 레이어1이란 다른 블록체인 네트워크에 의존하지 않고 완전히 독립된 네트워크로 존재하는 암호화폐 생태계를 가리킨다. 대표적인 프로젝트로는 솔라나(Solana), 카르다노(Cardano), 폴카닷(Polkadot), 수이(Sui), 코스모스 허브

(Cosmos Hub) 등이 있다.

레이어1 블록체인들은 이더리움의 스마트컨트랙트 플랫폼 기능을 특정 목적에 따라 더욱 발전시킨 형태로 출시된 경우가 많다. 최초로 스마트컨트랙트 개념을 실현시킨 것은 이더리움이지만, 시장의 모든 요구를 충족시키지는 못했다. 이에 따라 다양한 레이어1 블록체인이 등장하여 이더리움이 해결하지 못한 문제를 보완하고, 보다 효율적인 솔루션을 제공하고 있다. 레이어1 프로젝트들은 이더리움보다 더 나은 성능과 확장성을 보이기 위해 경쟁과 협력을 동시에 펼치고 있다.

이 책은 지금까지 설명한 비트코인 계열, 이더리움 계열 그리고 레이어1 메인넷이라는 세 가지 영역으로 알트코인 시장을 나눠 분석할 예정이다. 도표 상에는 금융 및 기타 생태계로 리플(Ripple)과 체인링크(Chainlink)가 구분되어 있지만 해당 코인들 또한 세 가지 영역을 설명하는 과정에서 파악할 수 있을 것이다.

알트코인의 종류는 매우 광범위하다. 현재도 새로운 트렌드가 형성되면서 새로운 알트코인들이 지속적으로 탄생하고 있다. 따라서 모든 알트코인을 다 다룰 수는 없지만, 이 세 가지 개념을 제대로 이해한다면 어떤 알트코인이 등장하더라도 쉽게 분석할 수 있는 안목을 갖추게 된다. 새로운 코인이 출시될 때 해당 코인이 어느 영역에 속하는지, 기존의 코인들과 어떤 차별성이 있는지, 기존의 문제를 어떻게 해결하려는 것인지, 이러한 요소들을 논리적으로 파악할 수 있는 것이다.

많은 투자자들은 남의 추천을 받아 알트코인을 매수하지만, 무턱대고 추천받은 알트코인만으로는 성공할 수 없다. 이는 성공적인 투자 전략이 아니다. 프로젝트에 대한 깊은 이해 없이 투자하면, 시장이 하락할 때 쉽게 공포에 휩싸여 손실을 보고 매도하게 된다. 하지만 이렇게 매도한 코인들은 시간이 지나면 다시 크게 상승하는 경우가 많다. 결국 뒤늦게 후회하며 공부를 시작하게 된다.

기본적인 시장 지식이 없으면 장기적으로 투자에서 성공하기 어렵다. 이 책은 알트코인 시장을 이해하는 데 필요한 핵심 개념과 투자 전략을 제공하여, 독자가 스스로 판단하고 성공적인 투자를 할 수 있도록 돕는 것을 목표로 한다.

3-3 채굴자들이 이끄는 비트코인 계열

비트코인은 세계 최초의 디지털 화폐다. 일반적으로 화폐는 각 국가에 의해 발행되지만, 탈중앙화된 디지털 공간에는 국가의 개념이 존재하지 않는다. 따라서 화폐를 발행하는 주체를 규정하기 어렵다. 그 대신 블록체인 이론에 따라 인터넷에 접속 가능한 사람이라면 누구든 디지털 화폐 발행의 기여자가 될 수 있다.

비트코인은 이러한 개념을 현실로 구현한 최초의 디지털 화폐다. 특정 국가나 기관이 발행하고 관리하는 것이 아니라, 인터넷을 사용하는 모든 사람이 비트코인의 발행과 관리를 진행할 동등한 기회를 가지는 것이다. 비트코인은 이러한 권한의 평등한 분배를 '채굴'이라는 개념으로 정립했다.

채굴은 비트코인의 거래 원장을 기록할 수 있는 권한을 분배하는 과정이며, 동시에 그에 대한 보상이 이뤄지는 과정이다. 누구나 채굴에 참여할 수 있지만, 특정한 절차를 따라야 한다. 비트코인이 처음 등장했을 때부터 사용된 채굴 방식은 작업증명 합의 방식이었다.

작업증명 합의 방식에서는 기록 권한의 분배가 컴퓨터 연산능력(CPU 파워)에 의해 결정된다. 강력한 연산능력을 보유한 채굴자가 매 라운드마다 난이도가 높은 수학 문제를 가장 빠르게 해결하면, 새로운 블록을 생성할 권한을 얻게 된다. 그리고 블록을 성공적으로 생성한 채굴자는 그 보상으로 비트코인을 지급받는다.

	Algorithm filter alg	Market Cap	Emission (Last 24h)	Price (USD)	7Day Change (USD)	Volume (Last 24h)
1. Bitcoin	BTC SHA-256	1.84T $	44.88M $	92,656.00 $	-4.22%	65.95B $
2. Dogecoin	DOGE Scrypt	47.69B $	4.40M $	0.323 $	-4.67%	3.69B $
3. Bitcoin Cash	BCH SHA-256	8.34B $	193.43M $	421.05 $	-8.87%	258.22M $
4. Litecoin	LTC Scrypt	7.74B $		103.00 $	-2.1%	691.30M $
5. Ethereum Classic	ETC Etchash	3.74B $	325.18M $	24.91 $	-7.34%	196.56M $
6. Monero	XMR RandomX	3.51B $		190.15 $	-3.46%	55.65M $
7. Kaspa	KAS kHeavyHash	2.89B $	680.41K $	0.113 $	-7.53%	101.72M $
8. Bitcoin SV	BSV SHA-256	1.02B $	23.65K $	51.49 $	-2.78%	34.01M $

▲ 작업증명 채굴 코인 순위 / 자료 : Miningpoolstats

위 그림은 비트코인과 유사한 채굴 방식을 사용하는 코인들의 시가총액 순위다. 비트코인, 도지코인, 비트코인캐시, 라이트코인, 이더리움 클래식, 모네로, 카스파, 비트코인SV 등이 있다. 그리고 작업증명 채굴 알고리즘이 종류별로 정리되어 있다. 비트코인과 비트코인캐시, 비트코인SV는 SHA-256을 사용하고 도지코인과 라이트코인은 스크립트(Scrypt) 방식을 사용한다. 모두 CPU 계산 능력을 기준으로 채굴이 진행되지만, 그 과정에서 사용되는 알고리즘에 차이가 있는 것이다.

대부분의 채굴은 ASIC(Application-Specific Integrated Circuit)라고 불리는 전용 채굴기를 통해 이루어지는데, 비트코인을 전문적으로 채굴하는 기업들은 종종 비트코인 외에도 다른 작업증명 기반 암호화폐를 함께 채굴한다. 이는 채굴 방식과 운영 시스템이 유사하기 때문이다.

채굴자들은 해당 코인의 시장 가격 형성에도 중요한 역할을 한다. 대부분의 작업증명 기반 암호화폐는 채굴의 채산성과 암호화폐 가격 간에 밀접한 관련성이 있다. 여기서 채산성이란 채굴을 통해 얻는 수익에서 채굴기 비용과 운영비를 제외한 순이익을 의미한다. 즉, 해당 암호화폐의 시장 가격이 채굴 원가보다 높으면 채산성이 좋고, 반대로 원가보다 낮으면 채산성이 떨어진다 할 수 있다. 이에 따라 채굴자들은 채굴을 일시적으로 중단하거나, 보다 채산성이 높은 코인으로 전환하는 전략을 취하기도 한다.

채굴 알고리즘이 비슷한 암호화폐들은 쉽게 교차 채굴이 가능하다. 예를 들어 라이트코인(Litecoin)과 도지코인(Dogecoin)은 동일한 채굴 알고리즘을 사용하기에, 동일한 채굴기로 별다른 조치 없이 채굴이 가능하다. 따라서 채굴자들은 두 코인 중 더 높은 채산성을 가진 코인을 선택해 채굴할 수 있다. 그렇기에 투자자들이 가격을 상승시키면 채굴자 수도 덩달아 증가하는 현상이 발생한다. 결국 시장은 채굴자와 투자자 간의 상호작용을 통해 적절한 가격을 찾아간다.

일반적으로 작업증명 기반 암호화폐는 채굴자 중심의 생태계를 형성한다. 따라서 작업증명 기반의 암호화폐에 투자하려면 채굴자들의 생태계를 어느 정도 이해할 필요가 있다. 예를 들어 비트코인 투자자들이 채굴 난이도 차트를 분석해 현재 채굴자들의 동향을 살피는 것처럼, 다른 작업증명 채굴 코인에 투자하는 경우에도 채굴 관련 지표를 참고하는 것이 중요하다. 이와 같은 기본적인 이해를 바탕으로 투자 전략을 수립하면 보다 신중한 투자 결정을 내릴 수 있을 것이다.

3-4 수많은 디앱을 거느린 이더리움 계열

이더리움은 비트코인을 대체하기 위해 탄생한 코인이 아니다. 비트코인의 백서의 제목은 〈P2P 기반 전자화폐 시스템(A Peer-to-Peer Electronic Cash System)〉으로, 이는 비트코인이 탈중앙화된 환경에서 작동하는 자율적인 디지털 화폐 시스템으로서 만들어졌음을 의미한다. 반면 이더리움의 백서의 제목은 〈신세대 스마트컨트랙트 및 탈중앙화된 애플리케이션 플랫폼(A Next Generation Smart Contract & Decentralized Application Platform)〉으로, 이는 이더리움이 화폐 시스템이 아닌 블록체인 기술을 활용한 다양한 애플리케이션을 위한 플랫폼 구축을 목표로 만들어졌음을 의미한다. 즉, 비트코인은 디지털 화폐 시스템이고 이더리움은 디지털 애플리케이션 플랫폼이다.

이더리움상의 프로그램은 기존의 디지털 애플리케이션과 달리 탈중앙화된 환경에서 운영되며, 블록체인 기술과 토큰이코노미가 적용된 점이 특징이다. 운영 주체가 특정 기업이나 기관이 아니라 불특정 다수의 네트워크 참여자로 분산되어 있다. 또 그렇기에 24시간 무중단으로 운영되며, 누구도 이 시스템을 임의로 중단하거나 통제할 수 없다.

이더리움 생태계의 핵심 동력은 토큰 인센티브 시스템이다. 이더리움의 메인 암호화폐인 ETH는 기축통화 역할을 하는데, 그밖에 다양한 형태의 하위 토큰이 자유롭게 상호 교환되며 시스템 운영 및 유지에 사용된다. 특히 최종 소비자가 사용하는 탈중앙화 애플리케이션에서는 토큰을 활용한 경제 활동이 가능하다. 비트코인이 최초의 디지털 화폐라면, 이더리움은 이를 한 단계 발전시킨 최초의 디지털 애플리케이션 플랫폼으로서 구축된 것이다.

현재 시장에서 출시되는 대부분의 알트코인은 이더리움의 플랫폼 생태계에서 발전했거나, 이와 연관되었거나, 혹은 유사한 형태를 띠고 있다. 따라서 이더리움 생태계를 깊이 이해한다면 새롭게 등장하는 프로젝트를 파악하는 데 큰 어려움이 없다.

이러한 이유로 비트코인과 이더리움에 직접 투자하지 않더라도, 암호화폐 투자자에게는 비트코인과 이더리움에 대한 깊이 있는 이해가 필수적이다. 이들에 대한 충분한 이해 없이는 개별 알트코인의 작동 원리를 이해하기 어렵기 때문이다. 그런 상태에서 투자를 하면 단기적으로는 이익을 얻을 수 있을지 몰라도, 장기적으로 큰 수익을 내기 어렵다.

특히 이더리움 생태계를 이해하면 알트코인 전체 생태계를 이해할 수 있다. 이더리움 생태계에 어떤 프로젝트들이 있는지는 코인게코(Coin Gecko)나 코인마켓캡(Coin Market Cap) 등에 들어가면 카테고리별로 살펴볼 수 있다. 하지만 여기서는 우선적으로 가장 큰 줄기가 되는 핵심적인 분야들을 살펴보겠다.

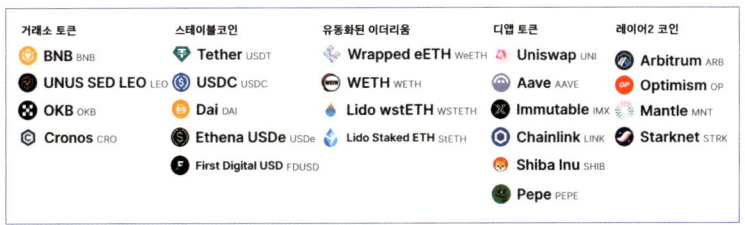

▲ 이더리움 계열 카테고리

위 도표에 언급된 코인들은 모두 이더리움 위에서 존재하거나 이더리움과 연관성을 가진 것들이다. 이더리움은 탈중앙화된 애플리케이션 플랫폼으로 그 안에서 다양한 기능의 애플리케이션과 토큰이 개발되고 있는데, 이러한 것들을 크게 다섯 가지로 구분해 놓았다. 또한 도표 속 코인들은 모두 시가총액 100위 안에 드는 것들로, 시장에서 어느 정도 검증을 받은 코인이라 할 수 있다.

그림의 가장 왼쪽에는 거래소 토큰이 위치해 있으며, 대표적으로 바이낸스 코인이 있다. 거래소는 암호화폐 시장에서 가장 크고 중요한 역할을 담당하는데, 거래소가 자체 코인을 발행하여 자본을 확보하기도 한다. 거래소 코인을 보유한 투자자들은 거래 수수료 할인 등의 혜택을 받을 수 있으며, 거래소는 이를 기반으로 다양한 디앱을 런칭하며 자체 생태계를 확장한다.

이러한 거래소 코인의 상당수는 이더리움 기반의 ERC-20 토큰 형태로 존재한다. ERC-20은 이더리움 네트워크 내에서 토큰을 발행하는 표준 규격으로, 그밖에도 ERC-721, ERC-1155 등 다양한 버전이 존재한다. 이처럼 이더리움 네트워크 내에서 토큰을 발행하면 직접 블록체인을 운영하는 것보다 훨씬 효율적이다. 자체 블록체인을 구축하려면 비트코인이나 이더리움과 같은 메인넷을 운영해야 하는데, 이는 높은 컴퓨팅 리소스와 기술적 역량을 요구한다. 반면 보안과 네트워크 운영을 이더리움에 맡기면 수수료를 납부하더라도 자체 토큰을 손쉽게 운영할 수 있다.

비트코인 네트워크에서는 이러한 토큰 발행이 제한적이므로, 대부분의 프로젝트와 토큰은 이더리움 네트워크의 ERC-20 규격을 기반으로 발행된다. 이를 주식시장과 비교하면, 이더리움은 증권거래소와 유사한 역할을 한다고 볼 수 있다. 단, 차이점이 있다면 주식시장은 기업이 상장할 때 엄격한 심사를 거치는 반면, 이더리움에서는 누구나 자유롭게 토큰을 발행하고 유통할 수 있다는 것이다. 탈중앙화된 이더리움 플랫폼에서는 누구도 특정 토큰의 발행을 제한하거나 차단할 수 없다.

거래소 토큰 오른쪽에는 스테이블코인이 위치해 있다. 스테이블코인은 변동성이 극심한 암호화폐 시장에서 상대적으로 가치가 일정한 코인으로 기능한다. 이를 통해 거래의 기준 역할을 수행하며, 투자자들은 일부 자금을 스테이블코인으로 보유함으로써 원화나 달러 없이도 자유롭게 암호화폐를 사고팔 수 있다.

이러한 스테이블코인에도 여러 종류가 있는데, 대표적으로 미국 달러를 담보로 하는 테더(USDT)와 USD코인(USDC)이 있다. 이들은 실제 달러를 담보로 발행·유통되기에 가격도 1달러에 강력하게 연동되어 있다. 또한 이들은 기본적으로 이더리움 네트워크에서 ERC-20 토큰 형태로 존재한다.

특이한 형태의 스테이블코인으로는 DAI가 있다. DAI는 이더리움을 담보로 하여 경매 방식(담보 대출)을 통해 1달러의 가치를 유지하는 스테이블코인이다. DAI는 출시 당시 달러가 아닌 암호화폐를 담보로 한다는 점에서 리스크가 점쳐지기도 했지만, 장기간 암호화폐 가치를 일정하게 유지해 신뢰를 쌓아왔다. 최근에는 이더리움뿐만 아니라 달러, 국채 등 다양한 자산을 담보 및 거래하는 방향으로 발전하고 있다.

이외에도 다양한 스테이블코인이 존재하나, 각기 다른 방식으로 1달러의 가치를 유지하도록 설계되어 있다. 이러한 스테이블코인들은 암호화폐 시장에서 안정적인 거래 환경을 제공하고, 법정화폐 없이도 자유롭게 암호화폐를 거래할 수 있도록 돕는 핵심 인프라 역할을 하고 있다.

그다음으로 유동화된 이더리움(Liquid Staking Ethereum)은 이더리움 네트워크에 스테이킹된 이더리움을 담보로 발행된 토큰이다. 이더리움은 암호화폐를 예치하고 블록 생성 권한을 분배받는 스테이킹 시스템을 통해 블록체인 네트워크를 유지하고 있다. 사용자는 일정량의 이더리움을 예치하고 네트워크 보안에 기여하는 대가로 보상을 받을 수 있다. 이러한 스테이킹 시스템은 지분증명(Proof of Stake, PoS) 합의 알고리즘을 기반으로 작동한다. 비트코인이 작업증명 방식을 사용하는 것과 달리, 이더리움은 지분증명을 채택했기에 보유한 코인의 양에 따라 블록 생성 권한이 주어진다. 즉, 기존의 채굴 장비 경쟁이 코인 보유량 경쟁으로 대체된 것이라 볼 수 있다.

이러한 변화는 시장에 큰 영향을 미쳤다. 작업증명 방식에서는 고성능 하드웨어 투입과 막대한 전력 소비가 필수적이었는데, 지분증명 방식에서는 검증을 위한 최소한의 사양을 갖춘 PC만 있으면 됐기 때문이다. 이더리움 네트워크는 당초 작업증명 방식으로 유지됐으나, 과도한 채굴 경쟁에서 오는 문제를 해결하기 위해 지분증명 방식으로 교체됐다.

현재 지분증명 채굴 방식은 이더리움을 비롯한 대부분의 레이어1 블록체인에 적용되어 있다. 비트코인 계열의 네트워크를 제외하면, 최근 출시된 거의 모든 블록체인 프로젝트가 지분증명 방식을 사용하는 것이다. 따라서 투자자는 이 채굴 방식의 특징을 제대로 이해할 필요가 있다.

이더리움 검증인(Validator)은 블록을 생성하고 검증하는 역할을 수행하며 보상으로 추가 이더리움을 받는다. 이러한 이더리움 검증인이 되려면 최소 32 ETH를 보유해야 한다. 하지만 32 ETH가 없더라도 자신이 보유한 일부 이더리움을 다른 검증인에게 위탁하면 보상 일부를 받을 수 있다. 이때 검증인들은 32개 이상의 이더리움을 모아 이더리움 네트워크에 스테이킹(Staking)하는데, 스테이킹 기간

(Locking Period)은 짧게는 1주일, 길게는 2주 정도 소요될 수 있다. 검증인이나 코인 보유자가 자신의 코인을 일정 기간 잠가두면, 그 기간 동안 신규 블록을 검증하고 보상 코인을 받는 구조다.

추가 코인을 받으니 좋을 것 같지만 스테이킹에는 기본적으로 몇 가지 단점이 있다. 스테이킹 기간 동안 코인이 잠겨있기 때문에, 투자자는 급격한 가격 하락 시 즉각적으로 대응하기 어렵다. 이러한 유동성 제한 문제를 해결하기 위해 등장한 개념이 바로 '유동화된 이더리움(Liquid Staking Ethereum)'이다. 이는 스테이킹된 이더리움을 유동적으로 활용할 수 있도록 한 혁신적인 방식으로, 2024년 초 이더리움이 작업증명에서 지분증명으로 전환되면서 본격적으로 활성화되었다. 유동화된 이더리움은 다양한 플랫폼에서 여러 형태로 활용되는데 자세한 내용은 이후 챕터에서 다루도록 하겠다.

디앱 토큰에 대해서는 간단히만 설명하겠다. 이더리움은 하나의 탈중앙화된 소프트웨어 플랫폼으로, 이를 기반으로 다양한 애플리케이션을 개발 및 운영할 수 있다. 이러한 애플리케이션을 디앱(Decentralized Application, 탈중앙화 애플리케이션)이라고 한다. 대표적인 이더리움 기반 디앱으로는 탈중앙화 거래소인 유니스왑(Uniswap)과 탈중앙화 예금·대출 플랫폼인 에이브(Aave) 등이 있다.

마지막으로 레이어2(Layer 2) 토큰에 대해 살펴보자. 비트코인은 단순한 화폐 기능을 수행하기 때문에 블록체인에 많은 데이터를 기록하지 않으며, 그렇게 빠른 처리속도를 요구하지도 않는다. 반면 이더리움은 비트코인과 달리 수많은 애플리케이션이 이더리움의 네트워크 위에서 운영된다. 따라서 이더리움은 시간이 지남에 따라 처리속도의 한계가 발생하게 된다. 이러한 문제를 해결하기 위해 등장한 개념이 바로 레이어2다. 모든 트랜잭션을 이더리움 메인넷에서 직접 처리하는 것이 아니라, 세부 사안은 외부 네트워크에서 분산하여 처리한 뒤 중요 사안만 이더리움 메인넷에 기록해 네트워크의 효율성을 높이는 방식이다.

레이어2는 현재 이더리움에서 가장 중요한 프로젝트 중 하나로, 아직 완성된 것이 아니라 지속적으로 발전하고 있는 단계에 있다. 2024년 레이어2 기술이 본격적으로 출시되었으며, 이후 지속적인 발전을 거듭하며 다양한 솔루션이 등장하고 있다. 대표적인 레이어2 프로젝트로는 아비트럼(Arbitrum)과 옵티미즘(Optimism)이 있으며, 이외에도 맨틀(Mantle), 스타크넷(StarkNet) 등 여러 솔루션이 존재한다.

지금까지 언급된 모든 코인과 카테고리를 이더리움 생태계라고 한다. 이외에도 다양한 프로젝트와 카테고리가 존재하지만, 여기서는 생태계의 핵심 요소와 중요한 부분을 중심으로 다루었다. 이더리움 생태계의 기본 개념을 이해하면, 내가 투자하고 있는 알트코인이 어떤 위치에 있으며 어떤 역할을 하는지 더욱 쉽고 명확하게 파악할 수 있다. 대부분의 레이어1 생태계는 이더리움을 원형으로 발전하거나 변형된 형태로 존재한다.

암호화폐 시장은 변화 속도가 빠르고 끊임없이 새로운 트렌드가 등장하기 때문에 복잡하고 어려워 보일 수 있다. 그러나 그 근본적인 흐름은 결국 비트코인 시장과 이더리움 시장을 이해하는 것에서 출발한다. 따라서 이 두 가지 핵심 개념을 탄탄하게 익힌 뒤 점진적으로 세부적인 내용을 학습해 나간다면, 누구나 이 시장의 흐름을 효과적으로 파악할 수 있다. 그러면 중요한 투자 결정을 할 때도 흔들림 없이 대응할 수 있을 것이다.

3-5 각축전이 벌어지는 레이어1 시장

성공적인 알트코인 투자를 위해 반드시 이해해야 할 핵심적인 암호화폐 개념은 많지 않다. 가장 기본적이면서도 중요한 세 가지 요소는 비트코인의 핵심 원리, 이더리움의 특징 및 생태계 그리고 레이어1 시장에 대한 이해다.

이 세 가지 개념은 암호화폐 투자에 있어 뼈대와 같은 역할을 한다. 이에 대한 개념 없이 알트코인 투자에 나서는 것은 덧셈과 뺄셈을 익히지 않은 채 곱셈과 나눗셈을 배우려는 것과 같으며, 1차 방정식도 이해하지 못한 상태에서 2차, 3차 방정식 혹은 미적분을 공부하려는 것과 다름없다. 즉, 알트코인 투자에 실패할 확률이 100%에 가깝다. 일시적으로 운이 따라 수익을 얻을 수도 있지만, 이를 지속적으로 유지하는 것은 불가능하다. 따라서 시간이 다소 걸리고 어렵더라도 반드시 이 세 가지 개념을 숙지해야 한다.

레이어1 시장의 핵심 원리는 이더리움을 대체하는 것을 목표로 한다는 점이다. 현재 암호화폐 시장은 크게 두 가지 계열로 나뉜다. 하나는 비트코인 계열 즉 통화 기능을 중심으로 하는 암호화폐들이고, 다른 하나는 이더리움 계열 즉 탈중앙화된 애플리케이션 플랫폼을 구축하는 암호화폐들이다.

이더리움을 기반으로 한 애플리케이션들의 숫자가 증가하면서 이더리움 네트워크 수요도 급격히 늘어났다. 그렇기에 이더리움은 높은 수수료(가스비)와 느린 거래 처리속도 등의 한계에 직면해 있다. 또한 이더리움의 설계 방식에는 시장의 모든 수요를 충족하기 어려운 면이 있기에, 이를 보완할 수 있는 대체 탈중앙화 애플리케이션 플랫폼이 필요하게 되었다. 바로 이러한 대체 플랫폼들이 레이어1 블록체인에 해당한다.

물론 비트코인, 리플, 라이트코인과 같은 암호화폐들도 기술적으로 레이어1 블록체인에 속한다. 하지만 여기서 말하는 레이어1은, 이더리움의 대체 역할을 수행하는 탈중앙화 애플리케이션 플랫폼으로 의미를 한정하고자 한다.

다음 그림은 디앱을 구축할 수 있는 플랫폼 코인들을 시가총액 순서대로 나열한 것이다. 대표적으로 이더리움, BNB, 솔라나, 카르다노, 트론(Tron), 아발란체(Avalanche), 수이, 톤코인(Ton), 헤데라(Hedera), 폴카닷(Polkadot), 하이퍼리퀴드(Hyperliquid), 니어프로토콜(Near Protocol) 등이 있다. 레이어1 코인의 가장 큰 특징은 자체적인 생태계를 보유하고 있다는 점이다. 기본적으로 해당 플랫폼의 메인 코인은 그 생태계 내에서 기축통화로 사용되며, 이를 기반으로 다양한 애플리케이션이 개발되고 운영된다.

Name		Price	Chg (24H)	Chg (30D)	Market Cap	Volume (24H)
Ethereum	ETH	$ 3,319	+1.11%	-15.2%	$ 400.19B	$ 3.42B
BNB	BNB	$ 697.90	+0.06%	-4.13%	$ 101.87B	$ 193.27M
Solana	SOL	$ 191.04	+1.89%	-15%	$ 92.55B	$ 985.48M
Cardano	ADA	$ 0.986	-2.35%	-11.7%	$ 35.36B	$ 595.20M
TRON	TRX	$ 0.236	-1.99%	-18.5%	$ 20.33B	$ 209.78M
Avalanche	AVAX	$ 37.17	+0.59%	-30.2%	$ 15.27B	$ 134.84M
Sui	SUI	$ 4.83	-2.29%	+1.94%	$ 14.50B	$ 597.06M
Toncoin	TON	$ 5.35	-1.51%	-15.9%	$ 13.66B	$ 116.20M
Stellar	XLM	$ 0.436	-0.54%	+1.40%	$ 13.31B	$ 249.66M
Hedera	HBAR	$ 0.287	-0.77%	-6.54%	$ 10.95B	$ 288.83M
Polkadot	DOT	$ 6.78	+0.15%	-25.5%	$ 10.30B	$ 63.36M
Hyperliquid	HYPE	$ 22.37	+8.65%	+17%	$ 7.33B	$ 95.15M
Near Protocol	NEAR	$ 5.07	-0.05%	-26.7%	$ 5.94B	$ 78.33M

▲ 시가총액 순서로 나열한 레이어1 코인 / 자료 : 크립토랭크

예를 들어 이더리움은 하나의 플랫폼이며, ETH는 이더리움 생태계에서 기축통화 역할을 한다. 이 플랫폼 위에는 다양한 탈중앙화 애플리케이션이 존재하는데, 대표적으로 유니스왑과 에이브가 있다. 유니스왑을 이용하면 스테이블코인 USDT를 ETH로 교환하거

나 반대로 ETH를 USDT로 교환할 수 있다. 이때 발생하는 거래 수수료는 ETH로 지불된다. 즉, 이더리움이라는 블록체인 플랫폼 위에서 운영되는 다양한 애플리케이션들은 ETH를 지불하며 유지 및 관리되는 것이다. 이러한 과정에서 이더리움 네트워크를 유지·관리하는 네트워크 참여자들에게는 보상이 지급되고, 결과적으로 ETH의 가치는 올라가게 된다.

이는 현실 세계의 국가 경제 시스템과 비교하면 이해하기 쉽다. 대한민국이라는 나라는 원화를 발행하고 국민들은 원화를 사용하여 경제활동을 한다. 대한민국은 원화를 통한 경제활동이 원활하고 안전하게 이뤄지도록 유지·관리한다. 대한민국 내의 공적인 기업체들은 주식을 발행하여 각종 권리를 사고파는데 이는 원화로만 거래할 수 있다. 그렇게 해서 국민들이 활발한 경제활동을 벌이게 되면 원화의 가치는 올라간다. 이처럼 각 나라마다 고유한 화폐가 있는데 그 화폐의 가치는 해당 국가의 경제력에 따라 다르게 평가된다.

마찬가지로 하나의 레이어1 플랫폼이 존재하고 그 위에서 사용되는 암호화폐가 발행된다. 해당 레이어1 플랫폼에 많은 사람이 참가하여 다양한 애플리케이션이 갖춰지면 생태계가 발전한다. 그러면 그 플랫폼을 유지하고 운영하는 데 필수적인 역할을 하는 레이어1 코인은 시장에서 그 가치를 인정받는다.

오늘날 코인 시장에서는 정말 다양한 레이어1 플랫폼들이 치열한 각축전을 벌이고 있다. 시가총액 기준으로 상위에 있는 바이낸스의 BNB, 솔라나, 카르다노만 살펴보아도 각 코인의 탄생 배경과 생태계 유지 방식이 모두 다르다. 이들 모두 디앱 플랫폼이라는 공통점을 가지고 있지만, 운영 방식, 장단점, 그리고 시장에서의 영향력이 다르다.

BNB는 글로벌 최대 거래소인 바이낸스에서 운영하는 레이어1 플랫폼이다. 기술적으로는 이더리움의 구조를 기반으로 하기에 플랫폼 자체의 독자적인 특징은 부족하지만, 세계 최대 거래소로서 방대한 유저를 보유하고 있어 시장에서 강력한 영향력을 발휘한다. 특히 탈중앙화 환경뿐만 아니라 중앙화 거래소(CEX) 사용자에게도 다양한 혜택을 제공하기에 BNB의 가치는 쉽게 하락하지 않는다.

솔라나는 여러 시장 변동을 겪었음에도 불구하고, 2025년 상반기 기준으로 이더리움 다음으로 가장 활발한 레이어1 플랫폼으로 자리 잡고 있다. 솔라나의 가장 큰 특징은 이더리움보다 빠른 속도와 시장 친화적인 애플리케이션을 빠르게 런칭하고 주도하는 능력이다. 빠르게 변화하는 시장 트렌드를 가장 효과적으로 반영하는 플랫폼으로 평가받는다. 특히 2024년 밈코인 열풍에서 솔라나 생태계가 중심적인 역할을 했으며, 2025년에도 새로운 트렌드를 만들어가면서 솔라나 체인의 차별성을 강화할 것으로 예상된다.

카르다노는 가장 오래된 레이어1 플랫폼 중 하나로, 빠른 시장 변화보다는 보수적이고 안정적인 보안 중심의 운영 방식을 특징으로 한다. 장기적인 관점에서 카르다노를 신뢰하는 투자자층이 탄탄하게 형성되어 있으며, 출시 이후 오랜 시간이 지났음에도 불구하고 여전히 시가총액 상위권을 유지하는 강력한 네트워크를 보유하고 있다.

이처럼 레이어1 코인들은 각각 고유한 특징과 전략을 가지고 있으며, 각자의 방식으로 시장에서 자리를 지켜가고 있다. 동일한 레이어1 플랫폼으로 분류되고 있지만 그 탄생 배경이 모두 다르고 시장에서 역할도 다르다. 그리고 해당 생태계의 특징 또한 다르다.

알트코인에 투자하려면 레이어1 생태계에 대한 기본적인 이해를 갖춘 후, 개별 레이어1 플랫폼의 특징을 분석하는 것이 중요하다. 레이어1 시장에서는 끊임없이 새로운 개념과 트렌드가 등장하며, 이러한 변화는 시장의 판도를 뒤흔들기도 한다. 따라서 빠르게 변화하는 트렌드에 효과적으로 대응하고 투자 결정을 내리기 위해서는 현재 존재하는 레이어1 시장에 대한 전반적인 이해가 필수적이다. 그 후 현재 레이어1 시장에서 어떤 트렌드가 형성되고 있으며 어떤 레이어1 플랫폼이 해당 트렌드에 적합한지를 면밀히 살펴보아야 한다.

일반적으로 기존의 레이어1 플랫폼들이 해결하지 못하던 문제를 해결하는 새로운 레이어1 플랫폼이 등장하면, 시장의 주목을 받는 경향이 있다. 이러한 플랫폼이 높은 가능성을 보이거나 새로운 트렌드를 주도할 때, 시장은 다시 한 번 변화의 흐름을 맞이하게 된다.

3-6 전체 카테고리 조망하기

주식 투자에는 기본적인 산업별 구분이 존재한다. 투자자들은 개별 기업을 분석하기 전 투자할 산업부터 정하기 마련이다. 암호화폐 투자 역시 마찬가지다. 어떤 코인에 투자할지를 고민하기 전에 어떤 카테고리에 투자할지를 정해야 한다. 그러려면 각 카테고리의 특징을 정확히 이해하고 있는 것이 중요하다.

다음 도표에는 다양한 암호화폐 카테고리가 시가총액 순위에 따라 나열되어 있다. 대표적인 카테고리로는 Currency(통화), Chain(레이어1 플랫폼), Stable Coin(스테이블코인), Meme(밈코인), DeFi(탈중앙화 금융), Blockchain Infrastructure(블록체인 인프라), CeFi(중앙화 거래소 관련 코인), Blockchain Service(블록체인 서비스), GameFi(게임과 블록체인이 결합한 프로젝트), NFT(대체 불가능 토큰), Social(소셜네트워크 관련 프로젝트)이 있다. 코인에 투자할 때는 이러한 카테고리들을 이해하고 분석한 뒤 투자 전략을 수립할 필요가 있다. 자신이 투자하는 분야의 특성과 시장 내 역할을 정확히 파악하는 것이다.

#	Name	Avg. Chg (24H)	Market Cap	Volume (24H)	Dominance
1	Currency	-0.02%	$ 2.05T	$ 11.08B +16%	58.85 %
2	Chain	-1.92%	$ 837.07B	$ 11.39B +9.76%	24.05 %
3	Stablecoin	-0.01%	$ 210.35B	$ 33.23B +11.4%	6.04 %
4	Meme	-3.01%	$ 100.73B	$ 4.41B +3.14%	2.89 %
5	DeFi	-3.30%	$ 49.89B	$ 2.47B +2.36%	1.43 %
6	Blockchain Infrastructure	-3.65%	$ 42.31B	$ 1.37B -0.35%	1.22 %
7	CeFi	-2.36%	$ 35.89B	$ 712.92M -13.3%	1.03 %
8	Blockchain Service	-3.48%	$ 27.33B	$ 1.49B -23.2%	0.79 %
9	GameFi	-3.60%	$ 16.86B	$ 1.22B -11%	0.48 %
10	NFT	-4.32%	$ 5.51B	$ 321.92M +4.19%	0.16 %
11	Social	-4.14%	$ 3.80B	$ 240.80M +0.79%	0.11 %

▲ 주요 알트코인 분류 / 자료 : 크립토랭크

기본적으로 알트코인 투자는 변동성이 높지만, Currency(통화) 영역의 코인들은 그나마 변동성이 낮고 안정적이다. 기본적으로 비트코인을 포함해 리플 같은 코인들이 통화 영역에 속한다. 이 영역에는 채굴 중심의 코인들이 많이 존재하고 디앱 관련 코인들은 많지 않다.

Chain(체인) 영역은 레이어1 플랫폼들의 메인 암호화폐들을 포함한다. 앞서 언급했듯이 레이어1 시장은 알트코인 투자에서 핵심적인 역할을 하기에, 그만큼 시가총액이 높고 종류도 다양하다.

Stable Coin(스테이블코인) 역시 암호화폐 시장에서 중요한 역할을 한다. 시장에는 테더 등 이미 확고한 입지를 다진 스테이블코인이 존재하지만, 새로운 스테이블코인들도 계속 등장하고 있다. 특히 디파이 투자에서는 거래에 사용할 스테이블코인의 안정성과 리스크를 철저히 분석하는 것이 필수적이다. 어떤 스테이블코인이 안정적인지, 반대로 어떤 스테이블코인이 높은 리스크를 동반하는지를 정확히 이해해야만, 보다 안전하고 전략적인 투자 결정을 내릴 수 있다.

Meme(밈코인) 카테고리는 전체 암호화폐 시장에서 시가총액 기준 네 번째로 높은 순위를 차지하고 있다. 일반적으로 개별적인 밈코인은 높은 변동성을 지니며 시장에서 쉽게 사라질 것이라는 인식이 강하지만, 2024년 이후 시장은 크게 변화했다. 밈코인 시장 자체는 오래되었으나, 2024년 솔라나의 성장 이후 밈코인의 시가총액이 급등하면서 전체 카테고리 중 4위에 오르는 등 시장에서 중요한 위치를 차지하게 되었다. 이에 따라 투자자는 밈코인의 특징과 트렌드를 이해하고, 효과적인 투자 전략을 학습하는 것이 필수적이게 됐다.

DeFi(디파이)는 탈중앙화 금융 서비스를 의미하는데, 암호화폐 시장의 양적 성장에 매우 중요한 역할을 수행한다. 디파이는 안정적인 수익을 창출할 수 있는 동시에 높은 수익률을 기대할 수 있어, 투자자가 반드시 깊이 이해해야 하는 영역이다. 기본적으로 레이어1에 투자할 때, 디파이 생태계까지 함께 분석하고 공략하는 것이 바람직하다.

Blockchain Infrastructure(블록체인 인프라 서비스)는 다양한 종류가 존재하지만, 기본적으로 레이어1 블록체인의 인프라 구축을 지원하는 서비스들을 통칭한다. 또한 전통적인 웹 서비스에 블록체인을 결합하여 새로운 형태의 인프라 서비스를 제공하는 프로젝트들도 많다. 다만 이 영역에 대한 투자는 전문적인 기술 지식을 필요로 할 수 있어, 일반 투자자들에게는 다소 어려운 분야일 수도 있다.

CeFi(중앙화 거래소 관련 코인)은 암호화폐 시장에서 핵심적인 역할을 하는 중앙화 거래소들이 발행한 토큰이다. 거래소는 암호화폐 시장에서 필수적인 역할을 수행하므로, 거래소 토큰을 포함한 포트폴리오 전략도 중요한 투자 요소가 된다. 비교적 다른 카테고리에 비해 접근하기 쉬운 편이지만, 2024년 하반기부터는 거래소 토큰의 개념도 변화하고 있다. 단순히 거래소에서 사용되는 토큰 역할을 넘어, 레이어1 또는 레이어2 개념을 도입하는 경우가 증가하고 있다. 따라서 레이어1 시장에 대한 기본적인 이해가 있다면, 이러한 변화 속에서 거래소 토큰을 선별하여 효과적으로 활용할 수 있다.

NFT(대체 불가능 토큰)는 플랫폼 암호화폐의 시가총액이 상위권에 속하지는 않지만, NFT 시장이 방대하게 형성되어 있기에 암호화폐 시장에서 확고한 카테고리로 자리매김하고 있다. 2024년 이후 NFT 보유자들에게 에어드랍을 제공하거나 NFT를 중심으로 커뮤니티가 형성되는 경우가 증가하면서, NFT 시장에 참여하는 이들이 증가했다. 대표적인 예로 베라체인(Bera-Chain)이 있다. 베라체인은 NFT 중심 프로젝트로 시작했지만, 2025년에는 레이어1 블록체인으로 성장하며 생태계를 확장했다. 즉, NFT는 단순한 디지털 자산을 넘어 전체 블록체인 생태계와 깊이 연결될 수도 있는 것이다. NFT에 투자할 때는 어떤 프로젝트들이 해당 NFT를 중심으로 성장하고 있는지를 분석하는 것이 핵심이다.

마지막으로 Social(소셜) 카테고리는 암호화폐 시장 초기부터 존재하며 지속적으로 발전해 온 영역이다. 인터넷은 본질적으로 커뮤니티 중심으로 운영되며, 암호화폐 시장 역시 강력한 커뮤니티 규모를 형성하고 있다. 특히 암호화폐 커뮤니티는 트위터(X)나 텔레그램을 통해 정보를 주고받으며 시장을 형성한다. 소셜 분야의 핵심 목표는 암호화폐 시장의 커뮤니케이션 툴을 발전시키고, 기존 소셜 네트워크의 한계를 보완하는 것이다. 대체로 웹3(Web 3) 개념의 탈중앙화된 소셜네트워크 커뮤니케이션을 구축하는 것을 목표로 한다. 현재까지 전통적인 소셜미디어 시장을 완전히 대체할 만한 프로젝트는 등장하지 않았지만, 이 분야에서는 지속적인 혁신과 도전이 이어지고 있다.

투자자는 위와 같은 카테고리의 특징을 이해하고 자신이 투자하고 있는 암호화폐가 어느 영역에 속해 있는지를 알고 있어야 한다. 또한 현재 시장에서 해당 카테고리가 어느 정도의 주목을 받고 있는지, 해당 카테고리 내에서 가장 잘나가는 코인과 내가 투자한 코인의 차이점은 어떤 건지를 분석해봐야 한다.

실전에서는 새로운 프로젝트를 접했을 때 해당 프로젝트의 개요를 분석하고 어떤 카테고리에 속하는지를 빠르게 판단하는 능력이 필요하다. 또한 레이어1 블록체인 중 어디에 속하는지도 신속하게 파악해야 한다. 더 나아가 해당 카테고리 내에서 현재 시장의 트렌드를 주도하는 프로젝트는 무엇인지, 그리고 그 프로젝트와 비교했을 때 내가 선택한 프로젝트가 어떤 강점과 차별화 포인트를 가지고 있는지 분석하는 것이 필수적이다.

알트코인 시장은 빠르게 변화하는 특성을 지니므로, 초기 단계에서 신속한 판단과 분석력을 바탕으로 투자 결정을 내리는 것이 중요하다. 보유 자금 중 얼마를 투자할지 결정하는 것은 물론, 진입 시점과 수익 실현 시점을 미리 고려하는 전략적 접근이 필요하다. 이를 위해서는 암호화폐 전체 카테고리를 폭넓게 이해하고, 투자 대상 알트코인의 시장 내 포지션을 정확히 파악하는 것이 핵심이다.

이와 달리 탑다운 방식으로 코인을 선별하는 것도 가능하다. 일단 어떤 카테고리에 투자할지를 결정한 뒤 투자하기 적절한 레이어1 생태계를 고른다. 레이어1 생태계를 고를 때는 객관적인 지표를 활용할 수 있다. 이때는 메인넷 암호화폐의 시가총액을 기준으로 삼아도 되지만, 디파이 생태계 지수도 중요한 선택 기준이 된다.

'TVL(Total Value Locked, 총 예치금)' 지수는 각 레이어1 생태계의 디파이 시스템에 예치된 다양한 토큰 가치의 총합을 나타내는 지표다. 다양한 자산이 예치되었더라도, 블록체인 상에서 실시간으로 산정된 값을 확인할 수 있어 가장 정확하고 신뢰할 수 있는 수치다. 이는 전통 금융 시장에서 예금 규모를 기준으로 은행의 안정성을 평가하는 방식과 유사하다. TVL이 높은 만큼 해당 레이어1 생태계의 안정성과 유망성이 높다고 평가받는 것이다.

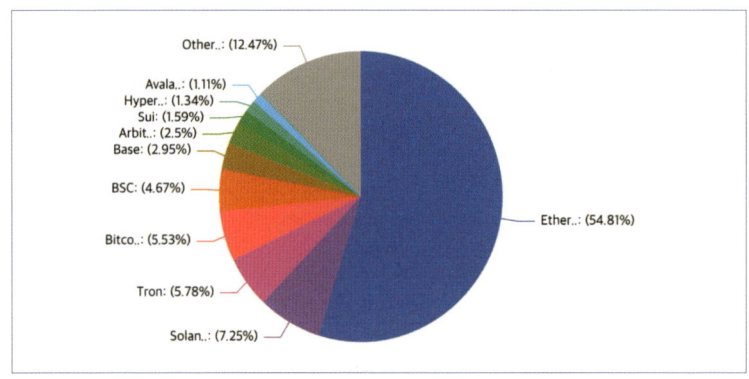

▲ 플랫폼별 TVL 순위 / 자료 : 디파이라마

위 그림은 디파이라마(DeFi Llama) 홈페이지에서 제공하는 플랫폼별 TVL(총 예치금) 순위다. 이더리움이 가장 높은 TVL을 보유하고 있으며, 그 뒤를 솔라나, 트론, 비트코인, BSC(BNB 체인), 베이스, 아비트럼, 수이, 하이퍼리퀴드, 아발란체가 잇고 있다. 이를 통해 이더리움이 시장에서 가장 안정적인 체인으로 인정받고 있음을 확인할 수 있다.

레이어1 블록체인에 투자할 때, TVL을 기준으로 체인의 안정성과 투자 금액을 결정하는 전략을 고려할 수 있다. 가장 보수적이고 안정적인 선택지는 이더리움이며, 이후 TVL 순위가 높은 체인들을 중심으로 투자 포트폴리오를 구성하는 것이 일반적인 접근법이다. 예를 들어 총 1억 원을 투자한다고 가정했을 때, 이더리움 생태계에 4,000만 원을 투자하고 이더리움 기반 디앱에 1,000만 원을 투자한다. 그 다음 기타 주요 체인인 솔라나, 트론, BNB 체인, 베이스, 아비트럼 등에 1,000만 원씩 분할 투자한다.

이와 같은 전략은 안정성과 성장성을 균형 있게 고려하는 방식이다. 일반적으로 TVL이 낮은 체인은 기대수익률이 높은 반면, 리스크도 그만큼 크다. 따라서 투자자는 TVL 데이터를 기반으로 생태계별 포트폴리오를 구성하고, 리스크를 감안하여 투자 금액을 조정하는 것이 바람직하다.

TVL이 빠르게 증가하는 체인들은 시장에서 급성장하며 새로운 트렌드를 주도할 가능성이 높다. 따라서 위에서 설명한 것처럼 안정적인 포트폴리오를 구축하는 동시에, 일부 자금을 TVL 성장률이 높은 신규 체인에 조기 투자하는 전략도 고려해볼 만하다.

다만 투자자가 반드시 유념해둘 점은 새로운 프로젝트에는 높은 리스크가 따른다는 것이다. 특히 디파이 시장은 스마트컨트랙트의 보안 결함으로 인해 예치된 자금이 해킹당할 위험이 있다. 따라서 해당 프로젝트 팀이 시장에서 충분한 기간 동안 활동하며 보안성을 입증받았는지를 확인하는 것이 중요하다.

신규 프로젝트는 높은 수익률을 기대할 수 있지만 보안성이 검증되지 않은 상태에서는 전액 손실 가능성도 배제할 수 없다. 리스크를 감안하여 대부분의 자산은 안정적으로 검증된 디파이 및 레이어1 체인에 예치하고, 일부 자금만 신흥 프로젝트에 투자하는 전략이 합리적인 접근법이다.

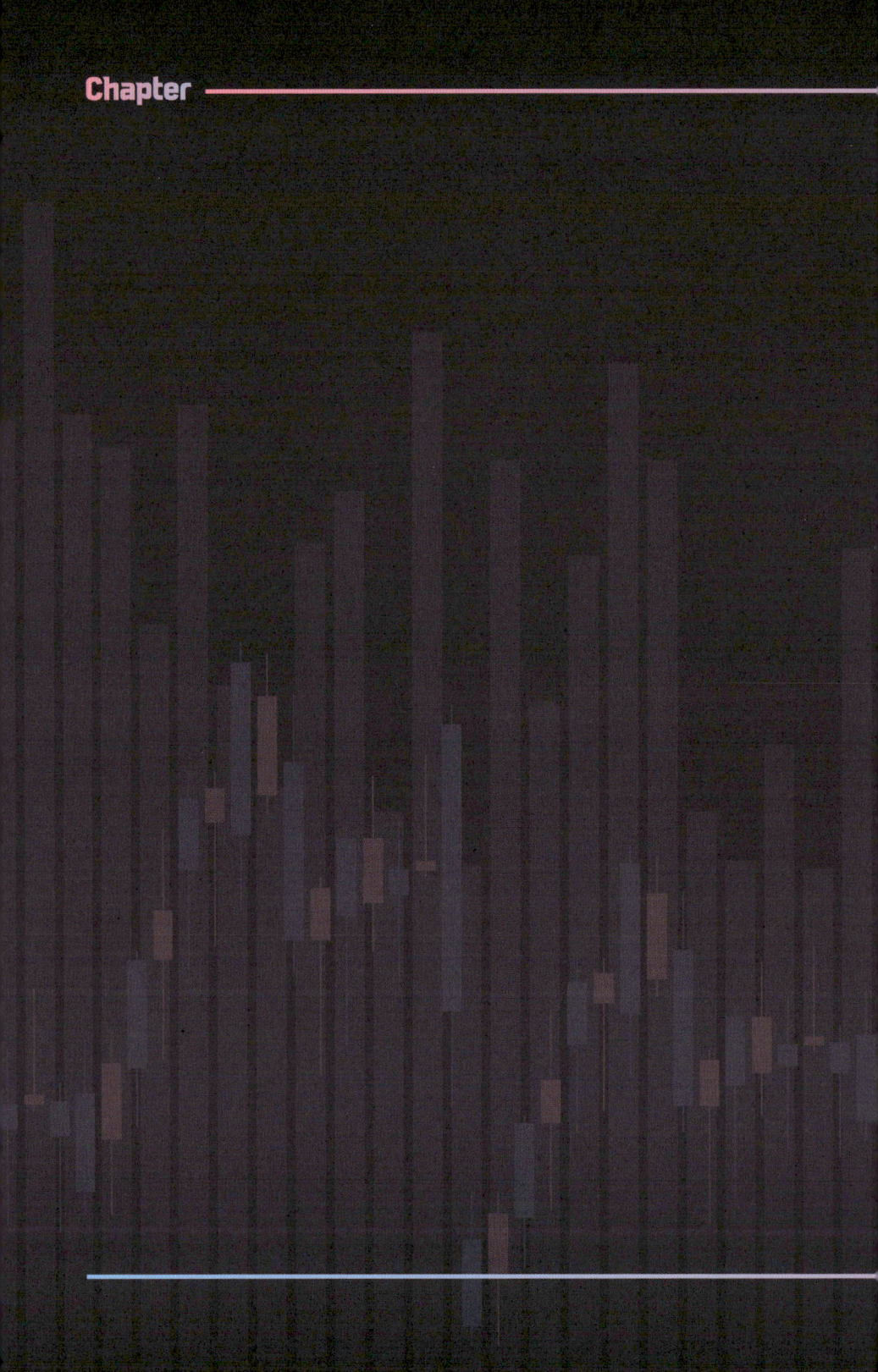
Chapter

알트코인의 근본
이더리움 생태계

4

4-1 장기적으로 안정적인 거래소 토큰

비트코인을 비롯한 작업증명 기반 코인들은 대개 단독 형태로 존재한다. 레이어1 블록체인 하나가 하나의 코인 역할만 담당하는 구조를 갖는 것이다. 그러나 이더리움은 레이어1 블록체인이면서도 그 위에 다양한 종류의 토큰이 존재한다는 점에서 차별화된다. 프로젝트 팀 입장에서는 자체 레이어1 블록체인을 운영하는 것이 비용과 보안 측면에서 상당한 부담이 될 수 있다. 이러한 이유로 많은 프로젝트가 이더리움 네트워크 위에서 토큰을 발행하고 운영하는 방식을 택한다.

이렇게 발행된 토큰을 흔히 'ERC-20 토큰'이라 부르는데, 이는 이더리움 네트워크에서 사용되는 토큰을 발행하는 표준 규격이다. 누구나 이더리움 블록체인 위에서 ERC-20 토큰을 발행할 수 있고, 자유롭게 전송할 수도 있다. 특히 이더리움의 안전한 네트워크를 그대로 활용할 수 있다는 점에서 보안성이 뛰어나다.

중앙화 거래소들은 저마다의 목적과 전략에 따라 자체 거래소 토큰을 발행하기도 하는데, 이러한 거래소 토큰은 ERC-20을 활용한 대표적인 사례다.

아래 그림은 24시간 거래대금을 기준으로 글로벌 상위 거래소 순위를 나타낸 것이다. 거래소 순위는 평가 지표에 따라 다소 달라질 수 있지만, 일반적으로 상위권 순위는 큰 변동 없이 유지되는 경향이 있다. 현재 글로벌 최상위(Tier 1) 거래소로는 바이낸스, 코인베이스(Coinbase), 바이비트(Bybit), 오케이엑스(OKX), 비트겟 등이 있다.

#	거래소	Trust Score	24시간 거래대금 (정규화)	24시간 거래량
1	바이낸스 (Binance)	10/10	US$11,928,736,005	US$19,812,090,866
2	지닥스 (GDAX)	10/10	US$3,942,236,248	US$3,942,236,248
3	Bybit	10/10	US$3,932,762,432	US$7,208,502,404
4	오케이엑스 (OKEx)	10/10	US$3,031,001,341	US$3,031,001,341
10	Bitget	9/10	US$2,950,472,932	US$3,941,075,814
11	게이트 (Gate.io)	9/10	US$2,754,708,691	US$3,107,601,414
12	후오비 (Huobi)	9/10	US$2,624,502,602	US$3,048,696,036
46	업비트 (Upbit)	7/10	US$2,098,014,520	US$5,415,130,100

▲ 글로벌 거래소 순위 / 자료 : 코인게코

국내 거래소는 자체 토큰을 보유하고 있지 않지만, 해외 거래소는 대부분 거래소 토큰을 운영하고 있다. 일반적으로 이러한 거래소 토큰을 보유한 투자자들은 거래 수수료 할인 혜택을 받을 수 있으며, 특정 거래소에서는 토큰 보유자에게 신규 상장 코인의 에어드랍을 제공하거나, 상장 전 사전 구매 기회를 부여하기도 한다.

암호화폐 시장에서 중앙화 거래소는 가장 강력한 영향력을 행사하는 주체이며, 이러한 영향력을 바탕으로 발행된 거래소 토큰 역시 시장에서 중요한 역할을 하고 있다. 특히 암호화폐 산업에서 장기적으로 안정성이 가장 높은 비즈니스의 유형 또한 거래소다. 거래소는 시장 상황이 좋든 나쁘든 안정적인 수익을 창출할 수 있는 구조를 갖추고 있기 때문이다.

투자자들은 코인 가격이 하락하면 손실을 보고 상승하면 수익을 얻지만, 거래소는 가격 변동과 관계없이 거래량이 많을수록 수수료를 통해 꾸준한 수익을 창출한다. 따라서 많은 사용자와 높은 거래량을 확보한 거래소는 시장 변동성을 활용해 지속적인 수익을 올릴 수 있다.

이러한 이유로 주요 거래소가 발행한 토큰은 시간이 지나도 시가총액 순위에서 크게 밀려나지 않는다. 대표적인 예로 BNB는 오랜 기간 동안 알트코인 시장에서 시가총액 10위권을 유지하고 있는 거래소 토큰이다. 그 뒤를 이어 LEO, BGB, CRO, OKB 등의 거래소 토큰이 시장에서 자리 잡고 있다.

시가총액 상위권에 있는 거래소 토큰은 대부분 이더리움 기반

ERC-20 토큰으로 존재한다. 이는 곧, 대다수의 중앙화 거래소가 간접적으로 이더리움의 영향 아래에 있다는 의미이기도 하다. 중앙화 거래소가 성장하여 자체 토큰의 가치가 상승할 경우, 해당 토큰이 이더리움 네트워크에서 운용되기 때문에 이더리움의 장기적인 가치 상승에도 긍정적인 영향을 미친다.

#	코인		시세	1시간	24시간	7일	24시간 거래량	시가총액
5	바이낸스 코인 BNB	매수	US$698.68	▼0.3%	▲1.0%	▼0.2%	US$630,546,777	US$101,853,011,638
25	LEO Token LEO		US$9.28	▼0.1%	▲0.5%	▲2.2%	US$633,050	US$8,566,749,524
26	Uniswap UNI	매수	US$13.21	▼0.3%	▲1.6%	▼3.1%	US$216,515,541	US$7,952,552,046
27	Bitget Token BGB		US$6.49	▼1.1%	▼2.7%	▼0.7%	US$550,482,157	US$7,799,707,510
41	Cronos CRO	매수	US$0.1366	▼0.2%	▲0.7%	▼8.2%	US$28,232,261	US$3,716,802,319
53	OKB OKB	매수	US$49.09	▼0.3%	▲2.8%	▲0.7%	US$9,300,334	US$2,944,834,240
55	Tokenize Xchange TKX		US$34.93	▼0.3%	▼0.3%	▼25.3%	US$24,256,654	US$2,792,384,615
59	Gate GT		US$18.69	▼0.5%	▲1.9%	▲4.8%	US$17,709,781	US$2,351,929,567

▲ 거래소 토큰 시가총액 순위 / 자료 : 코인게코

중앙화의 상징인 거래소 토큰과 탈중앙화의 상징인 이더리움이 공존하는 가운데, 흥미로운 점은 중앙화 거래소가 보유한 가치의 일부가 탈중앙화된 이더리움 위에서 운용되고 있다는 사실이다. 이는 이더리움 생태계가 암호화폐 시장에서 갖는 가치를 이해하는 데 중요한 단서를 제공한다.

2024년 이전까지만 해도 거래소 토큰은 대부분 단순한 ERC-20 형태로 존재했다. 하지만 바이낸스의 BNB 토큰은 예외적인 사례다. BNB는 이더리움 네트워크에서 ERC-20 형태로 존재하는 동시에 바이낸스가 개발한 BNB Smart Chain(BSC)에서도 동일한 가치로 운용된다.

BNB 체인은 레이어1 블록체인으로, 블록체인을 구축하는 프레임워크 중 하나인 '코스모스 SDK'를 활용해 설계되었다. 그러면서 사용자 친화적인 환경을 제공하기 위해 이더리움 가상 머신(EVM)과 호환되게 만들어졌다. 사용자는 이더리움과 유사한 환경이지만, 더 빠르고 저렴한 거래를 제공하는 BNB 체인에서 다양한 디앱을 활용할 수 있다. 또한 BNB 체인은 바이낸스 거래소와도 원활하게 연동되어 있어, 사용자들이 더욱 효율적인 블록체인 경험을 할 수 있도록 돕는다.

2024년 초부터 이더리움이 레이어2 확장에 집중하면서 거래소 토큰에도 변화가 나타났다. 바이낸스는 자체 레이어1 블록체인을 출시하는가 하면 다른 주요 거래소들도 유사한 형태의 체인을 선보이기 시작한 것이다.

예를 들어 미국 최대 거래소인 코인베이스는 이더리움의 레이어2 블록체인 네트워크인 '베이스(Base)'를 출시했다. 또한 상위 거래소 중 하나인 바이비트(Bybit)도 이더리움 레이어2 프로젝트인 맨틀(Mantle)에 최대 투자자로 참여하기로 했다. 즉, 주요 거래소들이 기존의 거래소 토큰을 넘어서 이더리움 레이어2 기반의 자체 체인과 플랫폼을 구축하는 방향으로 변화하고 있는 것이다.

이러한 흐름은 알트코인 투자자들의 투자 방식이 중앙화 거래소에 국한되지 않고 온체인 투자로 확장되고 있음을 반영한다. 지갑을 생성하고 디파이를 활용하는 투자자들이 증가하면서 중앙화 거래소들 또한 이러한 시장 변화에 발맞추어 빠르게 대응하고 있다.

결국 레이어2 또한 이더리움 생태계의 일부이므로, 중앙화 거래소가 발행한 토큰과 체인 역시 이더리움 생태계와 밀접한 영향을 주고받는다. 즉, 암호화폐 시장이 성장하고 투자자가 증가할수록 이더리움은 그 혜택을 고스란히 받게 된다.

새롭게 떠오르는 유동화된 이더리움

유동화된 이더리움 시장은 이더리움 생태계에서 2024년부터 주목받아온 새로운 카테고리다. 코인게코나 코인마켓캡에서 시가총액 100위 내에 있는 코인들을 살펴보면 stETH, WstETH, WETH, WEETH, RETH, METH 등이 있다. 모두 시가총액 2위인 이더리움(ETH)과 유사한 티커를 갖고 있으며, 가격도 이더리움과 비슷한 수준에서 형성되어 있다.

평소 암호화폐에 투자하는 과정에서 이러한 티커명을 보고 궁금해하던 독자도 있을 것이다. ETH 앞에 각종 알파벳이 붙은 티커들은 대부분 유동화된 이더리움이거나 이더리움을 기반으로 한 파생토큰이다. 이들은 이더리움 생태계에서 기축통화 역할을 하는 ETH를 보다 다양하게 활용하기 위해 발행됐다.

일반적으로 이처럼 담보 발행된 형태의 이더리움 자산을 '유동화된 이더리움'이라 이야기한다. 이더리움은 이러한 파생 토큰들의 가치도 상당하기 때문에, 시장 내에서 전체 이더리움의 가치가 얼마인지를 정확히 측정하는 데에는 어려움이 있다. 파생 토큰들의 가치까지 이더리움의 가치에 모두 포함시킨다면, 단순한 이더리움의 시가총액보다 훨씬 큰 금액이 될 것이다.

이더리움은 2022년 9월, 기존의 작업증명 방식에서 지분증명 방식으로 전환되었다. 지분증명 방식에서 이더리움을 채굴하려면 ETH를 일정 기간 동안 잠가두어야 한다. 이때 채굴 참여자는 잠가둔 ETH를 즉시 시장에 매도할 수 없다. 특정 기간 동안 잠금(락업)된 토큰은 시장에서 즉각적인 거래가 불가능하기 때문에, 유동성이 제한된 것으로 간주된다. 시장 전반의 측면에서 보면 유통량이 감소하여 거래량과 가격 형성에 영향을 미친다.

이러한 지분증명 채굴 방식의 유동성 제한 문제를 해결하기 위해 리퀴드 스테이킹(Liquid Staking)이란 개념이 등장했다. 리퀴드 스테이킹은 스테이킹된 자산을 시장에서 즉시 거래할 수 있도록 만든 개념이다. 기존의 스테이킹 방식에서는 ETH를 예치하면 출금이 제한되지만, 리퀴드 스테이킹을 활용하면 스테이킹된 ETH를 담보로 1:1 비율의 유동화된 스테이킹 자산을 돌려받아 시장에서 자유롭게 거래할 수 있다. 따라서 유동화된 이더리움은 스테이킹된 이더리움과 동일한 시장 가격을 유지하면서도, 언제든지 사고팔 수 있다.

이더리움을 스테이킹하면 일정 기간 동안 매도가 불가능하지만 그 대가로 이자를 받을 수 있기 때문에, 투자자들은 이를 감수한다.

이때 유동화된 스테이킹 자산을 발급받으면 스테이킹된 ETH로 인해 동일한 이자 수익을 얻으면서도, 필요할 때 시장에서 즉시 매도할 수 있어 활용성과 수익 면에서 더욱 유리하다. 다만 유동화된 스테이킹 자산은 해당 프로젝트의 안정성 여부에 따라, 원래의 자산보다 보안 리스크가 다소 높을 수 있다는 점은 고려해야 한다.

유동화된 스테이킹 자산은 다양한 종류가 발행되고 있으며, 이를 활용하는 방법도 점점 더 다양해지고 있다. 예를 들어 유동화된 이더리움을 다시 예치해, 탈중앙화 거래소(DEX)에 유동성을 공급하여 또 다른 수익을 낼 수도 있다. 이처럼 디파이 시장에서 유동화된 이더리움은 핵심적인 자산으로 자리 잡고 있으며 시장 활성화에도 기여한다.

시가총액 10위권 내에 있는 stETH는 대표적인 유동화된 이더리움 자산이다. 기본적으로 이더리움을 직접 스테이킹하여 노드를 운영하려면 32 ETH가 필요하다. 그러나 stETH를 구매하여 보유하면 수량에 관계없이 스테이킹한 것과 동일한 효과를 누릴 수 있게 된다. 급처할 상황이 생기면 언제든지 시장에서 거래할 수도 있다.

유동화된 스테이킹 자산은 지분증명 채굴 방식을 사용하는 대부분의 레이어1 블록체인에 존재한다. 이더리움 생태계에서 시작된 유동화된 자산 개념이 다른 레이어1 블록체인으로 확장되고 있는 것이다. 고로 알트코인에 투자할 때 이를 이해하고 활용하는 것이 중요하다.

2024년 초부터 이더리움 디파이 시장이 더욱 발전하고 확장되면서, 유동화된 이더리움을 추가로 활용할 수 있는 '재스테이킹(Restaking)' 시장이 형성되기 시작했다.

아이겐레이어(EigenLayer)는 다양한 이더 자산을 재스테이킹 할 수 있도록 기술적 인프라를 제공하고 있다. 아이겐레이어를 이용하면 다양한 디파이 플랫폼에서 발행한 유동화된 스테이킹 자산을 다시 한번 스테이킹하여 추가적인 수익을 얻을 수 있다.

기본적으로 암호화폐 투자자는 ① 이더리움(ETH), ② 유동화된 스테이킹 이더리움(stETH 등), ③ 재스테이킹된 이더리움까지 이해할 필요가 있다. 물론 재스테이킹 과정에서 리스크는 증가하지만, 활용성과 수익성이 그냥 유동화된 이더리움을 보유하는 것보다 향상된다. 만약 투자자가 디파이 시장에서 재스테이킹 시스템을 활용한다면, 20~30% 이상의 추가 수익을 확보할 가능성이 있다.

다음 그래프는 유동화된 이더리움의 TVL(Total Value Locked) 성장 추이를 나타낸다. TVL은 디파이 시장에 예치된 총자산을 의미하며, 은행의 예금액과 유사한 개념이다. 2024년 이후 유동화된 이더리움 시장의 TVL은 440억 달러까지 증가하며 지속적인 성장세를 보여왔다.

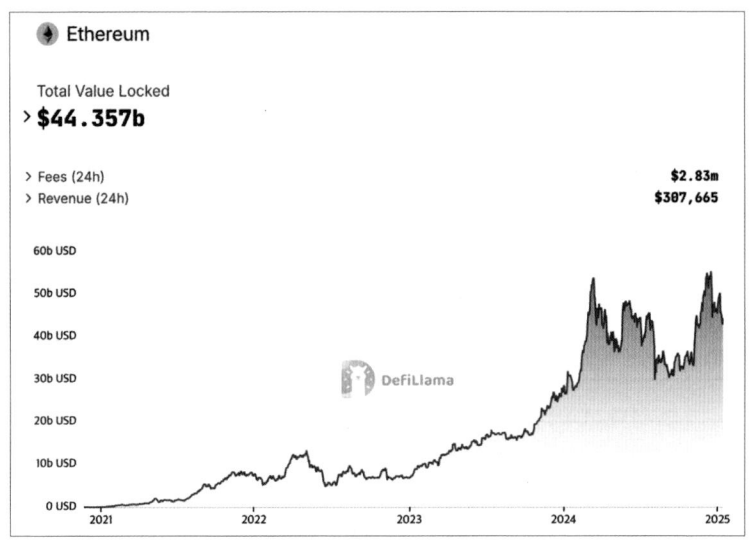

▲ 유동화된 이더리움 TVL / 자료 : 디파이라마

　유동화된 스테이킹 자산 시장은 이더리움을 포함해 지분증명 채굴 방식을 사용하는 대부분의 레이어1 블록체인에서도 성장할 수 있는 잠재력을 갖고 있다. 유동화된 스테이킹 자산을 활용하고, 이를 다시 재스테이킹(Restaking)하여 레버리지를 높이면 높은 수익을 기대할 수 있기 때문이다.

　반면 리스크도 함께 증가하는데, 이에 대해서는 현재 시장이 아직 초기 단계이므로 실제 리스크에 대한 검증이 필요하다. 시장 성숙도가 높아지고 리스크 관리 기법이 발전하면, 유동화된 자산은 디파이 시장에서 점점 더 중요한 역할을 하게 될 것이다. 이러한 시장을 이해해두면 디파이에서의 투자 수익을 극대화할 기회도 증가한다.

4-3 주요 디앱 토큰 살펴보기

2025년 이후 시가총액 100위권 내에 포함된 주요 이더리움 디앱을 살펴보겠다. 그중 시가총액 10위에 자리한 stETH는 누구나 손쉽게 이더리움을 스테이킹할 수 있도록 지원하는 리도(Lido)의 서비스다. 소액 투자자뿐만 아니라 노드를 직접 운영하지 않는 사용자도 스테이킹에 참여할 수 있도록 지원하는 것이다. 개인지갑을 리도 홈페이지에 연결하면 간편하게 스테이킹을 진행할 수 있다. 리도는 스테이킹 참여자에게 stETH를 발행해주고 사용자가 위임한 ETH를 활용해 직접 검증에 참여하며, 보상으로 획득한 수익을 stETH 보유자들에게 배분한다. 이러한 모든 과정은 스마트컨트랙트를 통해 투명하게 관리되고 공개된다.

보안 측면에서는 투자자가 32 ETH를 보유하고 직접 노드를 운영하는 것이 가장 안전한 방법이다. 그러나 그러기엔 기술적 난이도가 높은 게 사실이다. 리도는 노드 운영 없이도 누구나 쉽게 스테이킹할 수 있도록 돕는 서비스를 제공한다. 이러한 리도는 2024년 이후 디앱 분야에서 가장 높은 순위를 자랑하는 서비스로 성장했다.

▲ 리도에서 발행한 스테이킹 이더리움 / 자료 : 리도

리도 홈페이지를 통해 이더리움을 스테이킹하면, 스테이킹된 이더의 증서 역할을 하는 stETH를 받을 수 있다. stETH는 언제든지 자유롭게 사고팔 수 있으며, 디파이 서비스에서 유동성 풀에 제공하거나 예치하여 추가적인 수익을 창출할 수도 있다. 또한 레버리지 상품을 활용하면 더욱 높은 수익을 기대할 수 있어, 이더리움 디파이 생태계에서 핵심적인 매개체 역할을 담당하고 있다.

시가총액 25위에 위치한 UNI는 탈중앙화 거래소인 유니스왑(Uniswap)의 거버넌스 토큰(Governance Token)이다. 각각의 디앱은 자체적인 거버넌스 토큰을 보유하고 있는데, 이는 디앱의 탈중앙화된 운영 절차를 확보하기 위한 핵심 장치라 할 수 있다. 거버넌스 토큰과 관계없이 이더리움 생태계의 기축통화는 ETH로, 어떤 디앱을 사용하든 사용자들은 거래 수수료를 ETH로 지불해야 한다. 다만 디앱의 운영 방침은 해당 디앱의 거버넌스 토큰을 보유한 이들의 투표로 결정된다. 또한 디앱에서 발생한 수익을 분배할 때도 거버넌스 토큰이 활용된다. 거버넌스 토큰은 디앱이라는 기업의 주식인 셈이다.

이러한 디앱의 토큰들이 활발히 거래되고 활용되기 위해서는 탈중앙화 거래소가 필수적이다. 유니스왑은 이더리움에서 최초로 탄생한 탈중앙화 거래소다. 2025년 상반기 기준 가장 인기 있고 거래량이 많은 DEX로 평가받고 있다. 다양한 디앱 프로젝트가 유니스왑을 통해 원활하게 운영되고 있기에, 이더리움 생태계 전반에 걸쳐 중요한 역할을 수행하고 있다고 할 수 있다.

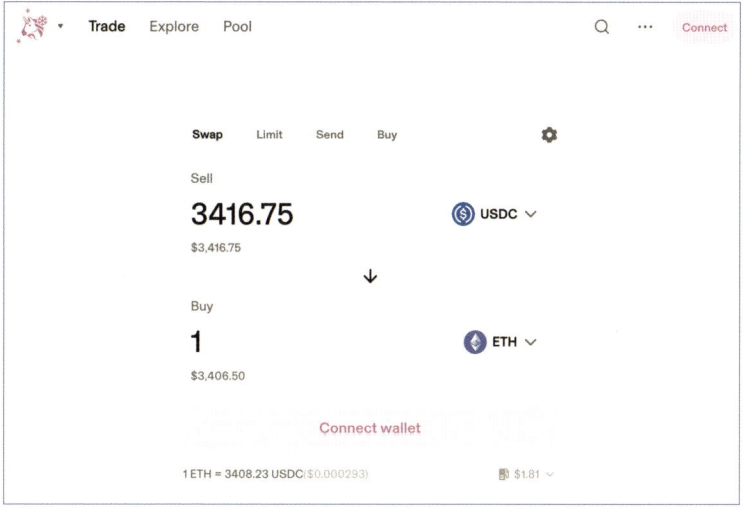

▲ 탈중앙화 거래소 유니스왑 / 자료 : 유니스왑

위 그림은 유니스왑 거래소에서 스테이블코인 USDC를 사용해 ETH로 교환하는 장면을 보여준다. 이와 반대로 ETH를 USDC로 교환하는 것도 가능하며, 이더리움 네트워크에서 발행된 모든 토큰을 다른 토큰으로 손쉽게 교환할 수도 있다. 또한 이더리움 기반으로 발행된 래핑 BTC(BTCB, WBTC 등 비트코인을 담보로 발행된 이더리움 네트워크상의 자산)도 거래 가능하다. 이처럼 다양한 암호화폐 자산을 유니스왑에서 교환할 수 있다.

탈중앙화 거래소의 거래 방식인 스왑(Swap)은 특정한 중재자 없이 거래자 1인에 의해 즉각적으로 이루어진다. DEX에는 불특정 다수의 사용자들이 교환 대상이 되는 코인들을 보관해놓은 풀(Pool)이 존재하는데, 거래자는 해당 풀에 A코인을 제출하고 B코인을 받아간다. 이 과정에서 거래자가 지불한 수수료는 코인을 보관해놓은 이들에게 수익으로 지급된다. DEX에서 거래를 하다가 코인을 현금화할 필요가 생기면 언제든지 중앙화 거래소(CEX)로 코인을 송금하여 현금화할 수 있다.

DEX에서는 누구나 토큰을 상장할 수 있으며, 기존 거래소와 달리 심사 절차나 상장 수수료가 존재하지 않는다. 이는 유니스왑을 비롯한 DEX들이 100% 탈중앙화된 거래소이기 때문이다. 단순히 토큰을 발행하고, 적절한 유동성을 공급하기만 하면 된다. 신규 코인들은 일반적으로 DEX에 먼저 상장된다. 그러다 시장에서 거래량이 형성되고 긍정적인 평가를 받으면 중앙화 거래소에 상장되는 경우가 많다.

시가총액 36위에 위치한 에이브(AAVE)는 이더리움 생태계에서 가장 대표적인 예금 및 대출 플랫폼이다. 사용자는 이더리움, 비트코인, 스테이블코인 등 다양한 암호화폐를 예치하고 이자를 받을 수 있으며, 예치한 자산을 담보로 다른 자산을 대출받을 수도 있다. 이러한 기능은 전통 금융에서 은행이 예금 및 대출 서비스를 제공하는 것과 유사한데, 탈중앙화 금융 서비스의 핵심 요소로 작용한다. 에이브는 전통 금융과 블록체인의 장점을 결합한 대표적인 탈중앙화 금융 플랫폼으로 자리 잡았다.

암호화폐 생태계의 가장 큰 특징은 블록체인 기술을 활용한 투명성이다. 에이브의 스마트컨트랙트는 공개된 코드와 온체인 데이터를 기반으로 작동하며, 이를 통해 예치된 금액과 대출 현황을 누구나 검증할 수 있다. 따라서 중앙화된 기관이 개입하지 않아도 거래에 참여하는 이들이 데이터를 임의로 조작하거나 변경할 수 없다. 다만 거래의 목적까지 검증할 순 없기에, 일부 디파이 서비스의 경우 마케팅 목적으로 거래 규모를 부풀리기도 한다. 그래도 시스템에서 표시되는 자산 규모는 어디까지나 정확하게 반영된다.

전통적인 금융 서비스는 운영 및 유지에 막대한 인력과 자본이 필요하다. 오프라인 점포가 줄어들고 있지만 디지털 시스템이 존재하더라도 이를 관리하고 운영할 인력이 필요한 것이 사실이다. 반면 탈중앙화 금융 서비스는 이러한 운영 비용과 인력을 획기적으로 줄일 수 있다. 그 이유는 블록체인 기술이 가진 장점 때문이다.

디앱 서비스는 이더리움 블록체인 위에서 운영되므로, 전통 금융 시스템과 비교했을 때 운영 및 관리 비용이 거의 없는 편이라 할 수 있다. 서버 유지 및 관리 업무는 이더리움 네트워크의 노드들이 대신 수행한다. 예금 및 대출 관련 업무를 수행할 때 이자 계산 등의 작업은 알고리즘에 의해 자동화되어 있어, 별도의 관리 인력 없이도 서비스가 원활하게 운영된다. 이러한 모든 과정은 블록체인 상에서 투명하게 기록되며 누구나 검증할 수 있다. 이에 따라 운영 측면에서 혁신적인 비용 절감이 가능하다.

운영 비용 절감과 투명성이 바로 에이브 같은 서비스가 지속적으로 성장하고 발전하는 핵심 동력이다. 이러한 효율성은 미래 금융의 중심이 디파이로 이동할 수밖에 없는 이유를 명확히 보여준다. 운영 비용 절감, 자동화된 금융 서비스, 투명한 시스템을 갖춘 디파이 플랫폼은 점진적으로 기존 금융 시스템을 대체해나갈 가능성이 높다.

Asset	Total supplied	Supply APY	Total borrowed	Borrow APY, variable
Ethereum ETH	1.86M $6.34B	1.69%	1.51M $5.14B	2.46%
Wrapped eETH weETH	1.22M $4.37B	<0.01%	6.89K $24.79M	1.14%
Wrapped liquid sta… wstETH	1.05M $4.24B	0.19%	312.67K $1.27B	0.66%
Wrapped BTC WBTC	35.62K $3.55B	0.02%	2.96K $295.69M	0.42%
Tether USDT	3.23B $3.23B	7.11%	2.47B $2.47B	10.50%
USD Coin USDC	2.67B $2.67B	8.22%	2.19B $2.19B	11.29%

▲ 에이브의 예금 및 대출 현황 / 자료 : 에이브

위 도표는 에이브에서 서비스되는 예금 및 대출의 현황을 보여준다. 이더리움(ETH) 예치 금액은 63억 4,000만 달러이고 WETH,

WBTC, USDT를 포함한 총 예치 자산은 290억 달러다. 국내 제1금융권 은행들의 부채를 제외한 자본이 약 30조 원 수준인데, 에이브에 예치된 순수 자산은 그를 훨씬 뛰어넘는 규모다. 그럼에도 불구하고 에이브 서비스의 운영 인력과 유지 비용은 전통 은행과 비교할 수 없을 정도로 적다.

암호화폐 투자자는 에이브에 자신의 코인을 예치하여 이자 수익을 얻을 수 있으며, 이를 담보로 대출을 받아 추가적인 수익을 창출할 수도 있다. 이더리움 생태계에는 지속적으로 새로운 프로젝트가 출시되며 다양한 디파이 서비스가 존재한다.

투자자는 에이브에 자금을 예치한 뒤, 새로운 프로젝트가 등장할 때 일부를 대출해 해당 서비스에 예금함으로써 추가 수익을 노릴 수 있다. 예를 들어 현재 스테이블코인인 USDT와 USDC의 예금 이자는 각각 7%와 8%이며, 이는 시장 상황에 따라 변동될 수 있다. 대출 금리는 USDT가 10%, USDC가 11% 수준이다. 투자자는 에이브에서 USDC를 예치하고 상대적으로 저렴한 USDT를 대출한 후, 새롭게 출시된 디파이 서비스에 USDT를 예치함으로써 단기적으로 20% 이상의 수익을 제공하는 서비스에 참여할 수 있다. 즉, 신중한 조사와 분석을 거친 뒤 어느 정도의 리스크를 감수하면 추가적인 수익을 낼 가능성이 무궁무진한 것이다.

이더리움 생태계 내에서 시가총액 100위권 안에 드는 디앱들은 모두 주목할 필요가 있다. 앞서 언급한 스테이킹 이더리움 플랫폼인 리도, 탈중앙화 거래소 유니스왑, 예금 및 대출 서비스인 에이브는, 이더리움뿐만 아니라 다양한 레이어1 생태계를 이해하고 알트코인 투자 수익을 극대화하기 위해 필수적으로 알아야 할 시스템들이다.

알트코인 투자를 통해 높은 수익을 얻으려면 이러한 시스템을 기본적으로 이해하고 활용할 줄 알아야 한다. 단순히 거래소에서 매매하는 방식으로 단기적인 수익을 낼 수도 있지만, 최상위 1%의 알트코인 투자자로 성장하기는 어렵다. 성공적인 암호화폐 투자자들은 새로운 서비스가 출시될 때마다 신속하게 대응하고, 기존 지식을 활용해 짧은 시간 내에 높은 수익을 창출하는 전략을 갖춘다. 이를 통해 시장에서 좋은 기회가 왔을 때 목표로 한 수익을 실현하여 '졸업'에 다다른다.

4-4 네트워크를 연결시키는 브릿지 자산

이더리움에서 발행된 토큰은 이더리움 생태계 내에서 자유롭게 거래될 수 있다. 그러나 다른 레이어1 블록체인에서는 거래될 수 없다. 이는 블록체인간의 구조적 차이로 인해 발생하는 제약이다. 이러한 문제를 해결하기 위해 브릿지(Bridge) 기술이 활용된다. 브릿지는 서로 다른 레이어1 블록체인을 연결하여, 이를 통해 한 체인의 자산을 다른 체인으로 이동시킬 수 있도록 돕는다. 예를 들어 이더리움 네트워크에 있는 자산을 브릿지 하면, 대표적인 레이어1 블록체인 중 하나인 BNB 체인으로 전송할 수 있다.

구체적으로 이더리움에서 발행된 스테이블코인 USDT를 바이낸스 체인으로 보낸다고 해보자. 이더리움과 BNB 각각의 네트워크에서 브릿지 스마트컨트랙트가 실행되어야 한다. 만약 사용자가 이더리움에서 1,000개의 USDT를 BNB로 전송하려고 한다면, 먼저 이더리움의 브릿지 스마트컨트랙트가 해당 USDT를 잠근다. 이후 BNB 체인의 브릿지 스마트컨트랙트에서 동일한 양의 USDT가 새롭게 발행된다. 반대로 BNB 체인에 있는 USDT를 다시 이더리움으로 되돌리려면, BNB 브릿지에서 USDT를 잠그고 이더리움 브릿지에서 잠겨 있던 USDT를 해제하는 방식으로 진행된다.

이와 같은 방식으로 브릿지는 서로 다른 블록체인 간 자산 이전을 가능하게 하여, 다양한 네트워크 간의 상호운용성을 높이는 역할을 한다. 레이어1 블록체인마다 체인이 작동하는 방식이 다르기 때문에, 이를 연결하는 브릿지 스마트컨트랙트 또한 각 블록체인에 맞춰 다르게 설계된다.

기본적으로 브릿지는 중개자(Intermediary)의 역할을 하므로, 사용자는 브릿지를 이용할 때 보안 및 신뢰성 측면에서 믿을만한 중개자인지를 고려해야 한다.

브릿지의 신뢰성과 활용도를 평가하는 데 유용한 플랫폼 중 하나가 디파이 라마(DeFi Llama)다. 디파이 라마에서는 각 브릿지별 거래 금액과 누적 거래량을 확인할 수 있어, 사용자는 이를 참고하여 보다 안전하고 신뢰할 수 있는 브릿지를 선택할 수 있다. 특히 새롭게 출시된 브릿지는 충분한 검증이 이루어지지 않았을 가능성이 있으므로 꼼꼼한 검토가 필요하다.

디파이 라마의 브릿지 메뉴를 확인하면 다양한 브릿지들의 정보를 조회할 수 있으며, 각 브릿지가 지원하는 체인 목록도 확인할 수 있다. 현재 가장 많은 거래량을 기록하는 브릿지는 아비트럼 브릿지

(Arbitrum Bridge)다. 아비트럼은 대표적인 이더리움 레이어2 솔루션으로, 이를 통해 이더리움 메인넷에서 아비트럼으로 자산이 대규모로 이동하고 있음을 알 수 있다. 이처럼 이더리움 메인넷에서 브릿지를 통해 레이어2로 자산을 전송할 때도 레이어1 간의 브릿지와 동일한 원리가 적용된다.

가장 널리 사용되는 브릿지 중 하나는 웜홀(Wormhole)이다. 웜홀은 이더리움을 포함하여 솔라나, 수이, 아발란체, 폴리곤(Polygon) 등 대부분의 주요 레이어1 블록체인을 지원하는 브릿지로, 다중 체인 간 자산 이동을 가능하게 한다.

Name	Chains	1d Change	24h Volume	7d Volume	1m Volume
1 Arbitrum Bridge		+27.68%	$74.29m	$305.05m	$1.247b
2 Circle CCTP		-32.46%	$69.54m	$592.53m	$3.01b
3 Wormhole	+20	-57.01%	$38.17m	$385.49m	$2.208b
4 Across	+4	-32.70%	$29.25m	$292.5m	$1.589b
5 Hyperliquid		-69.95%	$26.32m	$458.48m	$3.164b
6 Meson	+20	-61.54%	$23.62m	$292.91m	$1.496b
7 Stargate	+10	-44.13%	$23.14m	$225.85m	$1.242b
8 deBridge	+4	-45.50%	$22.31m	$174.96m	$927.33m
9 Orbiter Finance	+35	-45.69%	$11.21m	$114.05m	$970.1m
10 IBC	+86	-71.54%	$9.39m	$165.22m	$1.001b

▲ 브릿지별 거래량 / 자료 : 디파이라마

위 도표를 보면 브릿지별로 지원하는 체인과 특정 기간 동안의 거래 볼륨을 확인할 수 있다. 대부분의 레이어1 블록체인은 이더리움과 브릿지를 통해 연결되어 있으며, 이를 통해 레이어1 투자자들은 자신이 보유한 자산을 이더리움을 포함한 다른 레이어1 또는 레이어2로 쉽게 이동시킬 수 있다.

이러한 자산 이동은 블록체인 상에서 온체인(On-Chain) 방식으로 이루어지기 때문에, 중앙화 거래소(CEX)를 거치지 않고도 자유롭게 전송할 수 있다는 장점이 있다. 이는 중개기관의 개입 없이 탈중앙화 환경에서 직접 거래할 수 있도록 해주기에, 사용자에게 더 높은 보안성과 자산의 완전한 소유권을 제공한다.

또한 브릿지를 통한 모든 자산 이동 기록은 온체인 지표(On-Chain Metric)로 공개된다. 특정 기간 동안 네트워크에 유입된 자금의 규모를 확인하면, 해당 블록체인 네트워크가 현재 시장에서 얼마나 활발하게 거래되고 있는지를 파악할 수 있다. 특정 네트워크로의 자금 이동이 크게 감소하고 있다면, 이는 해당 생태계 내 거래량이 줄어들고 있음을 의미하는 지표로 해석할 수도 있다.

물론, 보다 정확한 분석을 위해서는 해당 블록체인의 추가적인 지표들(TVL, DEX 거래량, 활성 사용자 수 등)을 함께 살펴봐야 할 것이다. 하지만 브릿지 거래량 변화만으로도 해당 블록체인 생태계의 성장 또는 쇠퇴 여부를 파악하는 데 유용한 참고자료가 될 수 있다. 이를 통해 투자자는 시장 흐름을 분석하고 보다 전략적인 결정을 내릴 수 있다.

네트워크 효율을 올리는 레이어2 솔루션

비트코인은 디지털 화폐로서 탄생했다. 그리고 출시와 동시에 그 기능이 이미 완성된 상태였다. 이후에 일부 미세한 영역에서 프로그램 업그레이드가 이루어졌지만, 설계와 기본 원리는 단 한 번도 변경된 적이 없다. 비트코인은 처음 설계된 원형 그대로 안정적으로 운영되고 있으며, 앞으로도 별다른 문제없이 지속될 것이다.

비트코인은 출시 이후 오랜 시간이 지났으며, 현재도 전 세계의 많은 사용자가 네트워크를 이용하고 있다. 그럼에도 불구하고 비트코인 네트워크의 수수료는 여전히 저렴한 수준이다. 일부 투자자들은 중앙화 거래소에서 비트코인을 송금할 때 비싼 수수료를 경험했을 수도 있다. 하지만 그것은 비트코인 유출을 꺼려하는 중앙화 거래소가 비싼 수수료를 책정했기 때문이다. 실제로 비트코인 네트워크에서 비트코인을 직접 송금하는 경우, 만 원 이하의 수수료로 거래가 가능하다. 아무리 거래 금액이 크더라도 말이다. 예를 들어 전 세계 어디로든 1억 원을 송금하는 데 1만 원의 수수료가 든다면, 이는 상당히 저렴한 비용이다.

물론 일시적으로 많은 사용자들이 네트워크를 이용하면 수수료가 상승할 수 있다. 그렇다 하더라도 비트코인의 수수료가 10만 원을 넘는 경우는 거의 발생하지 않는다. 이는 무엇보다 비트코인의 설계가 단순하고, 오직 화폐 기능으로 쓰이기 위해 만들어졌기 때문이다. 그것도 비교적 큰 규모의 거래를 하는 데에만 활용되는 경향이 있어 대규모 사용자 증가에도 문제가 발생하지 않는다.

비트코인과 달리, 이더리움의 탄생 목적은 스마트컨트랙트 실현 및 탈중앙화 애플리케이션 플랫폼 구축이다. 쉽게 말해 이더리움의 역할은 단순한 화폐가 아니라, 누구나 블록체인 기반 프로그램을 개발하고 운영할 수 있는 플랫폼인 것이다. 이더리움 네트워크에서 운영되는 애플리케이션이 많아질수록, 트랜잭션 수도 급증하면서 네트워크 수수료가 폭등하는 문제가 발생한다. 사용자가 몰릴 때는 10만 원에서 많게는 20~30만 원까지 오르기도 한다.

단순히 하나의 프로그램을 실행하는 데 이렇게 높은 비용이 든다면, 누구도 그 프로그램을 쓰지 않을 것이다. 이를 해결하기 위해 더 저렴하고 빠른 레이어1 블록체인(솔라나, 카르다노, 폴카닷 등)이 등장했다. 따라서 이더리움 내부에서도 해결책을 마련해야 했다. 결국 이더리움의 확장성과 비용 문제를 해결하기 위해 '레이어2'라는 새로운 시장이 탄생했다.

레이어2는 이더리움 위에서 동작하면서 네트워크의 사용량을 분산하는 역할을 한다. 사용자는 비싼 수수료가 부과되는 이더리움 메인넷을 직접 이용하지 않고, 더 저렴하면서도 이더리움 네트워크의 정체성을 유지할 수 있는 레이어2 솔루션에서 애플리케이션을 실행할 수 있다.

이러한 레이어2 기술은 오래전부터 개발되어 왔으나 2024년부터 본격적으로 다양한 프로젝트들이 시장에 출시되기 시작했다. 레이어2의 보안성과 사용성이 충분히 완성되면, 이더리움 네트워크는 보안과 확장성을 동시에 갖춘 최적의 블록체인 플랫폼으로 진화할 것이다.

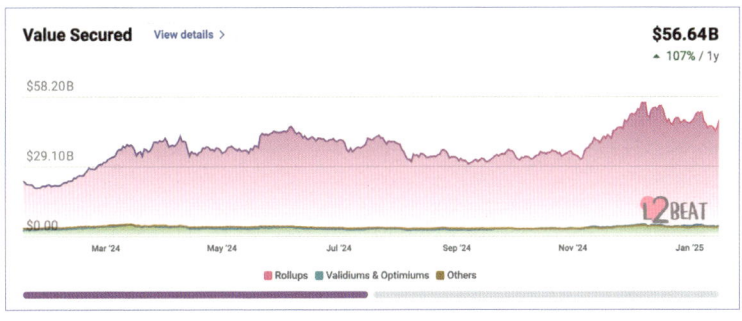

▲ 레이어2 시장 시가총액 / 자료 : L2BEAT

위 도표는 최근 몇 달간의 레이어2 시장 시가총액 변화를 보여준다. 짧은 기간 동안 2배 가까이 성장한 것을 알 수 있다.

이러한 성장에 힘입어 레이어2 솔루션은 비트코인 네트워크에도 도입되고 있다.

비트코인 네트워크는 큰 금액의 결제는 무난하게 수행하고 있지만 여전히 소액 결제에는 적합하지 못한 한계가 있다. 1만 원짜리 물건을 사기 위해 1만 원을 수수료를 납부할 수는 없는 노릇이다. 이러한 문제는 레이어2 솔루션을 통해 해결할 수 있다. 라이트닝네트워크(Lightning Network) 등의 비트코인 레이어2 프로젝트는 비트코인 네트워크의 거래 속도를 높이고 수수료를 더욱 낮추기 위해 고안된 솔루션이다.

또한 비트코인 레이어2 프로젝트들은 비트코인 네트워크 환경에서 디앱 플랫폼을 구축하는 것을 목표로 하고 있기도 하다. 스택스(Stacks), 루트스탁(Rootstock), 리퀴드(Liquid) 등의 프로젝트는 비트코인 네트워크 환경에서 스마트컨트랙트를 구현하는 것을 목표로 한다. 암호화폐로서 이더리움 이상의 입지를 가진 비트코인을 활용해 스마트컨트랙트를 구축한다는 점에서 이러한 프로젝트는 높은 가능성을 지녔다고 평가된다.

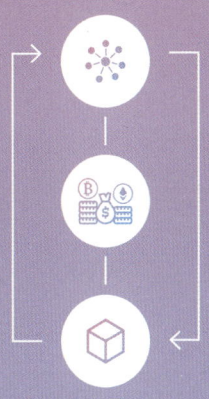

Chapter

이더리움에 도전하는 레이어1 체인

5

5-1 밈코인 시장을 주도하는 솔라나

2025년 상반기 기준으로 이더리움에 이어 그다음으로 시가총액이 높은 레이어1 플랫폼은 솔라나다. 솔라나 체인은 2024년에 메이저 레이어1 프로젝트 중 가장 큰 생태계 확대를 보였으며, 수익률 면에서도 두드러진 성과를 나타냈다.

2025년 2월 기준 크립토랭크가 발표한 자료에 따르면, 솔라나 생태계의 가치는 약 3,790억 달러에 달한다. 이 수치는 솔라나 코인의 가치와 솔라나 생태계에서 활동하는 모든 프로젝트의 가치를 합산한 것이다. 참고로 같은 기간 이더리움 생태계의 시가총액은 약 7,269억 달러로, 솔라나 생태계보다 2배 정도 높다. 이처럼 레이어1 생태계를 분석할 때는 크립토랭크에서 제공하는 생태계 시가총액 수치를 기준으로 규모와 안정성을 평가하면 유용하다.

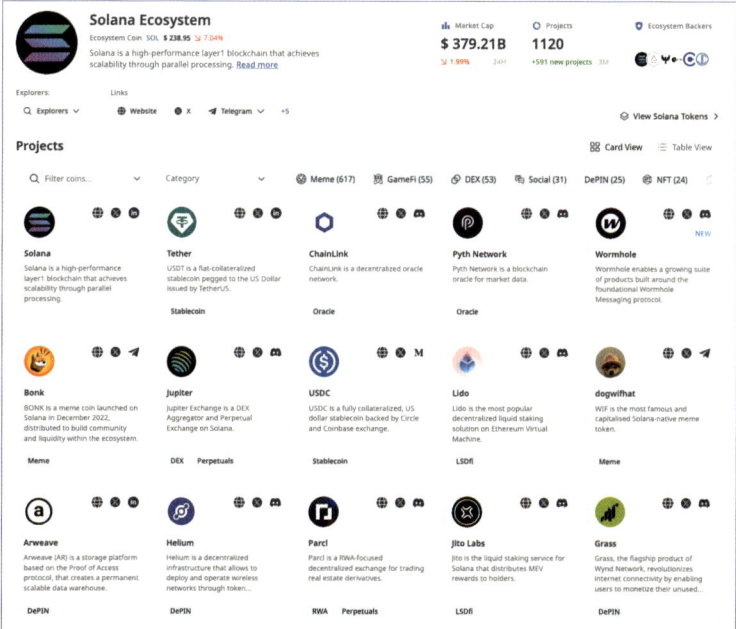

▲ 솔라나 생태계 정보 / 자료 : 크립토랭크

　솔라나 생태계 역시 이더리움과 마찬가지로 스마트컨트랙트 프로그래밍이 가능하기에, 다양한 형태의 디파이와 혁신적인 기능을 갖춘 디앱들이 풍부하게 자리 잡고 있다.

　일반적으로 대부분의 레이어1 블록체인 플랫폼은 합의 알고리즘으로 지분증명을 채택하고 있다. 그러나 솔라나는 독특하게도 지분증명과 역사증명(Proof of History, PoH)을 결합한 형태의 합의 방식을 사용한다.

　역사증명이란 특정 시점에 거래가 발생했음을 증명하는 기술로, 네트워크에서 발생하는 트랜잭션을 특정 시점의 해시 값과 함께 기록하여 트랜잭션이 언제 발생했는지 빠르게 파악되도록 한다. 이는 기존의 지분증명이나 작업증명 방식과 달리 다른 노드의 검증을 거치는 과정에서 시간이 소요되는 문제를 해결한다. 이로 인해 신속한 블록 생성이 가능해진 솔라나는 저렴하면서도 빠르게 대량의 트랜잭션을 처리할 수 있는 확장성을 갖추게 됐다.

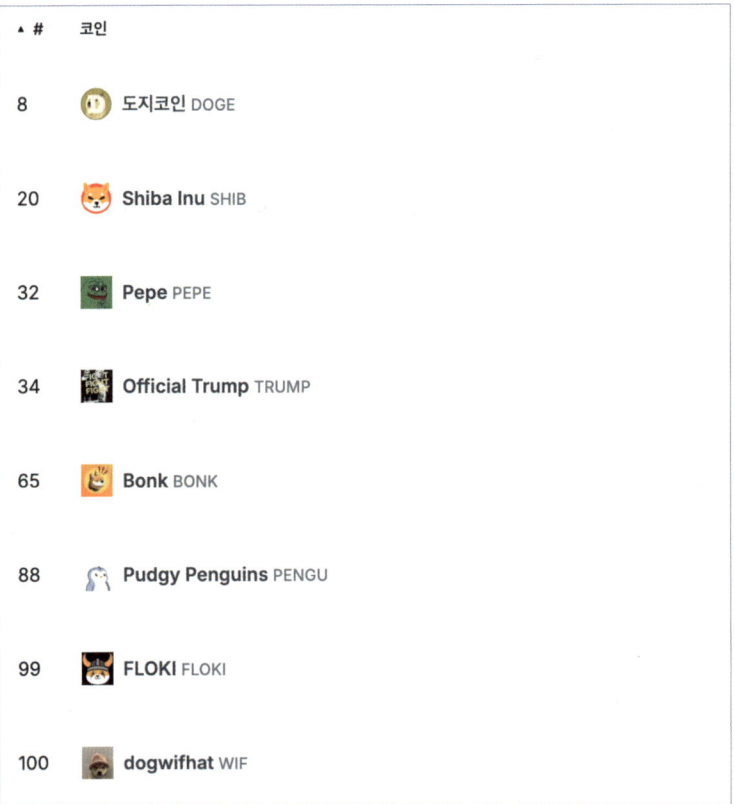

▲ 시가총액 100위권 내의 밈코인 / 자료 : 코인게코

이처럼 높은 속도와 확장성을 갖춘 합의 방식 덕분에 솔라나에

서는 밈코인 카테고리의 프로젝트들이 지속적으로 출시되고 있다. 그로 인해 2024년부터 밈코인 시장 전반을 솔라나가 주도하고 있기도 하다. 대표적인 것들로는 트럼프(Official Trump)와 봉크(BONK), 퍼지 펭귄(Pudgy Penguins) 도그위프햇(Dogwifhat)이 있다.

밈코인 시장에서 솔라나의 영향력을 보여주는 객관적인 지표 자료도 있다. 2025년 2월 기준 시가총액 100위권 내의 밈코인 중 50% 이상이 솔라나 기반으로 운영되고 있는 것이다. 이는 다음의 자료에서 확인할 수 있다. 솔라나 계열을 제외한 밈코인 중 도지코인은 자체 메인넷을 보유한 레이어1 암호화폐이고 시바이누(SHIB), 페페(PEPE), 플로키(FLOKI)는 이더리움 생태계에 속해 있다.

2024년 솔라나 생태계를 활성화한 주된 카테고리 또한 밈코인이었다. 수수료도 저렴하고 빠르므로 누구나 쉽게 밈코인을 소액으로 발행할 수 있고, 또 투자자들도 쉽게 구매할 수 있기에 가능했던 일이다.

대부분의 알트코인은 초기 단계에서 벤처캐피털의 투자를 받는다. 벤처캐피털은 낮은 가격에 코인을 매입한 후, 시장에서 해당 코인이 유통될 때 높은 가격에 판매한다. 이들이 이러한 이익을 챙길 수 있는 것은, 벤처캐피털이 상당한 물량을 보유하고 있는 것만으로두 시장에 좋은 영향을 미치기 때문이다. 반면 일반 투자자는 신규 상장된 코인을 시장 가격으로 매수해야 하는데, 때문에 벤처캐피털이 대량 매도를 진행할 경우 그로 인한 피해를 고스란히 감당해야 하는 경우가 많다.

솔라나 시장에서 밈코인이 활성화될 수 있었던 주요 요인 중 하나는, 위와 같은 벤처캐피털의 이권이 상당히 제한되었다는 점 때문이었다. 이러한 구조는 보다 공정한 거래 환경을 조성한다는 기대감을 불러일으켰고 시장에도 긍정적으로 반영되었다. 누구나 초기 가격에 코인을 구매할 수 있으며, 거래 가격이 상승하더라도 특정 벤처캐피털이 대량 보유하고 있지 않기 때문에, 기존 알트코인 프로젝트에서 흔히 발생하는 급격한 가격 변동성이 상대적으로 적었다. 이와 같은 특성이 솔라나 밈코인 생태계를 성장시키는 중요한 요인으로 작용했다.

또한 2025년 1월, 취임 전의 미국 트럼프 대통령이 솔라나 생태계에서 트럼프 밈코인을 발행한 사건은 밈코인 시장 내에서 솔라나의 입지를 보여준다. 이더리움뿐 아니라 다른 레이어1 및 레이어2 블록체인에서도 발행이 가능했는데, 굳이 솔라나 생태계를 골라 밈코인을 발행한 것이다.

이는 솔라나가 다른 레이어1 블록체인과 비교했을 때 더욱 확장성 있는 생태계를 갖추고 있었기 때문이라는 평이 지배적이다. 특히 암호화폐 지갑 없이도 신용카드로 쉽게 코인을 구매할 수 있는 환경을 제공한 점이 주목을 받았다. 트럼프 대통령 지지자들 중에는 암호화폐에 익숙하지 않은 사람들도 많이 있는데, 이들도 손쉽게 밈코인을 매수할 수 있는 환경이 솔라나에 구축되어 있는 것이다. 이것이 솔라나를 밈코인 발행 최적의 플랫폼으로 자리 잡게 하기도 했다.

이처럼 각 레이어1 블록체인은 고유한 특성과 차별점을 가지고 있다. 솔라나의 경우 자신만의 강점을 활용해 다른 블록체인보다 더욱 발전된 생태계를 구축했고 밈코인 시장에서 중요한 플랫폼으로 자리매김했다.

5-2 탑티어 거래소 바이낸스의 BNB 체인

솔라나 다음으로 시가총액 순위가 높은 레이어1 블록체인은 BNB 생태계이다. BNB 생태계는 글로벌 톱티어 거래소인 바이낸스가 개발·운영하고 있다. BNB는 이더리움과 동일한 EVM(Ethereum Virtual Machine) 기반의 생태계를 갖추고 있는 것이 특징이다.

이더리움 레이어1 생태계에서 디앱을 구현하려면 솔리디티(Solidity)라는 프로그래밍 언어를 사용해야 한다. 그리고 이더리움과 같이 솔리디티를 활용해 디앱을 개발할 수 있는 생태계를 EVM 기반이라고 구분한다. 즉 BNB는 이더리움 생태계와 높은 호환성을 갖춘 생태계인 것이다. 이더리움 기반에서 운용되는 디앱들은 솔라나 등 다른 프로그래밍 언어 기반의 생태계에서는 호환되지 않지만, BNB 생태계에서는 호환이 된다.

따라서 BNB 생태계에는 이더리움에서 운용되는 탈중앙화 거래소나 예금·대출 서비스 등의 디앱이 동일하게 구현될 수 있다. 그러면서 이더리움에 비해 수수료가 훨씬 저렴하다는 장점이 있다. 일반적으로 이더리움 네트워크에서 디앱을 이용할 경우 10달러에서 30달러 정도의 가스비(수수료)가 발생하는 반면, BNB 생태계에서는 수수료가 1달러 이하로 매우 저렴하다.

이러한 특징 덕분에 디앱 개발자들은 초기 사용자 확보를 위해 이더리움보다 BNB 체인을 선호하는 경우가 많다. 특히 새로운 형태의 서비스를 시험할 때는 가스비 부담이 적은 BNB 체인을 이용하는 것이 훨씬 효율적이다.

또한 BNB 체인은 세계 최대 규모의 암호화폐 거래소인 바이낸스와 긴밀하게 연결되어 있다. BNB 생태계에서 기본적인 수수료 지불에 사용되는 통화 역시 BNB 코인이다. 이밖에도 BNB 코인을 보유하면 바이낸스 거래소에서 거래 수수료 할인 혜택을 받을 수 있으며, 다양한 에어드랍 이벤트에도 참여할 기회가 주어진다.

레이어1 생태계를 분석할 때는 해당 블록체인이 이더리움과 동일한 EVM 기반 디앱을 지원하는지 여부를 꼭 확인해야 한다. 솔리디티 언어로 개발이 가능한 플랫폼이라면 EVM 기반 디앱이 운용 가능하다. 혹 블록체인의 합의 방식과 기본 설계를 이더리움과 다르게 설정했더라도, EVM을 지원하도록 설계하는 것이 가능하다.

예를 들어 이더리움 기반으로 만들어진 대표적인 탈중앙화 거래소인 유니스왑은 다른 EVM 기반 블록체인에서도 운영된다. BNB 체인은 EVM을 지원하기에 유니스왑이 운용될 수 있으며, 솔라나는

EVM을 지원하지 않기에 유니스왑이 운용될 수 없다.

이러한 특성 때문에 디앱 개발자들은 어떤 블록체인 계열에서 서비스를 구축할 것인지를 신중하게 결정해야 한다. 솔라나 기반으로 프로그램을 만들었다면 솔라나에서만 운용할 수 있지만, 이더리움 기반으로 프로그램을 만들었다면 EVM을 지원하는 모든 체인(BNB 체인, 폴리곤, 아발란체 등)에서 간단하게 운용이 가능하다.

EVM 계열 여부는 사용자 경험에도 영향을 미친다. EVM 계열에서 개발된 디앱 서비스는 대부분의 사용자들이 익숙한 개인지갑 서비스인 메타마스크(MetaMask)를 통해 이용할 수 있다. 반면 EVM을 지원하지 않는 블록체인의 경우 메타마스크를 통해 이용할 수 없으며, 별도의 전용 지갑이 필요하다.

투자자 입장에서는 해당 서비스가 대중적으로 많이 사용되는지, 혹은 앞으로 성장 가능성이 있는지를 분석하는 것이 중요하다. 따라서 EVM 계열과 비(比) EVM 계열의 차이를 이해하고, 각 블록체인의 확장성과 잠재력을 고려해야 한다.

2025년 2월 기준 BNB 생태계의 시가총액은 3,386억 달러로 솔라나 생태계와 비슷한 수준이다. BNB 체인이 솔라나 못지않게 큰 생태계를 보유하고 있다는 얘기가 된다. 또한 BNB 생태계에는 이더리움 및 솔라나 생태계에는 없는 다양하고도 새로운 디앱들도 많이 출시되고 있다.

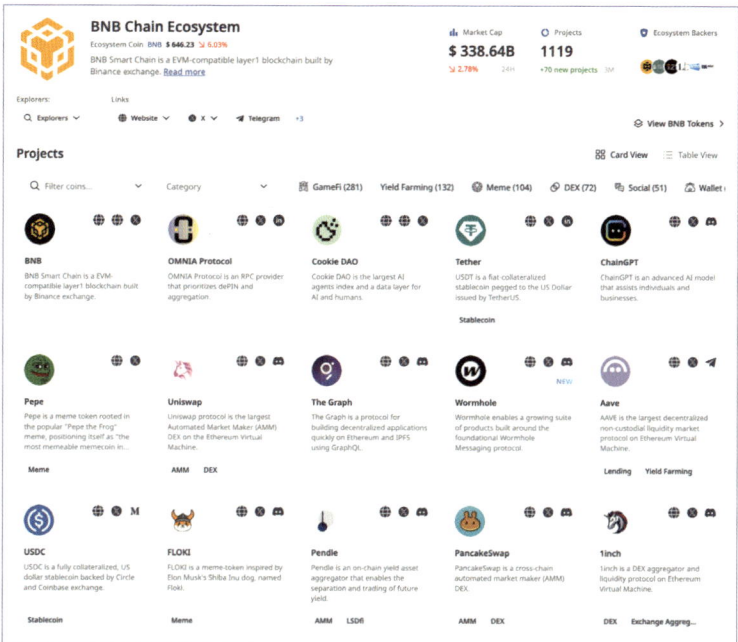

▲ BNB 생태계 정보 / 자료 : 크립토랭크

위 그림은 BNB 생태계의 각종 지표와 소속 디앱들을 보여준다. 주요 프로젝트들을 살펴보면, 이더리움 기반의 대표적인 디앱들이 눈에 띈다. 대표적으로 탈중앙화 거래소인 유니스왑과 예금·대출 서비스인 에이브가 있다. 이들은 이더리움 네트워크뿐 아니라 BNB 네트워크에서도 서비스되는 것이다.

일반적으로 이더리움 네트워크에서 100만 원 상당의 코인을 예치하려면 3만~6만 원의 수수료가 발생한다. 설령 예치에 대한 연이자율(APY)이 높다고 하더라도 첫 지점부터 3~6%의 손실을 입고 시작하는 셈이다. 따라서 이더리움에서 디파이 서비스를 활용하려면 최소 1,000만 원 이상의 자금을 굴려야 수수료로 인한 부담을 덜 수 있다. 이러한 구조로 인해 소액 투자자들은 이더리움에서 디파이 서비스를 이용하기 어렵다.

반면 BNB 생태계에서 디파이를 활용하면 수수료가 1,000원 이하로 발생한다. 즉, 100만 원을 예치하더라도 수수료 부담 없이 시작할 수 있다. 그러면서도 이더리움의 대표적인 디파이 서비스인 에이브가 BNB 생태계에서도 동일하게 운영되고 있다. 같은 서비스를 제공하지만, 운영되는 메인넷 레이어1이 다르기 때문에, 소액 투자자라면 이더리움보다 BNB 생태계에 매력을 느낄 수밖에 없다.

이처럼 소액 투자자를 비롯해 다수의 트랜잭션을 필요로 하는 서비스들은 BNB 생태계를 활용하는 것이 더욱 효율적이다. 예를 들어 블록체인 기반의 SNS 서비스에서 사용자가 게시글에 '좋아요'를 누르거나 댓글을 남길 때, 보상으로 코인을 지급하는 시스템이 갖춰져 있다고 가정하자. 이 경우 트랜잭션당 발생하는 수수료가 저렴해야 원활한 서비스 운영이 가능하다. 만약 이더리움처럼 높은 수수료가 요구된다면 아무도 해당 서비스를 이용하지 않을 것이다. 따라서 이러한 서비스는 이더리움이 아닌 BNB 체인에서 운영하는 것이 더욱 적합하다. 결과적으로 BNB 생태계는 저렴한 수수료와 높은 확장성을 바탕으로, 소액 투자자 및 트랜잭션이 많은 탈중앙화 애플리케이션에 최적화된 환경을 제공한다.

투자자가 이더리움 생태계의 디파이 서비스나 새로운 블록체인 기반 서비스를 이용해 보고 싶지만 수수료 부담이 크다면, 해당 서비스가 이더리움뿐만 아니라 BNB 체인에도 존재하는지 확인해보면 좋다. BNB 체인에는 이더리움과 동일한 EVM 기반의 서비스들이 많이 존재하며, 보다 저렴한 수수료로 다양한 기능을 부담 없이 체험할 수 있다.

▲ BNB 생태계 디앱 성장세 순위 / 자료 : BNB 체인

위 그림은 최근 시장에서 성장하고 있는 BNB 앱 생태계를 보여준다. 왼쪽은 최근 사용자 수가 가장 많이 증가한 앱 순위다. 가운데는 블록체인 트랜잭션 수가 가장 많이 증가한 앱 순위다. 트랜잭션 수는 사용자들이 해당 디앱을 실제로 활용하고 있는지를 나타내기 때문에 매우 중요하다. 오른쪽은 TVL(Total Value Locked) 성장 순위로, TVL은 실제로 서비스에 예치된 자금 규모를 나타내기에 디파이 서비스에서 가장 중요한 지표 중 하나로 평가된다.

사용자 수, 트랜잭션 수, TVL은 디앱의 성격에 따라 중요도가 달라진다. SNS 디앱의 경우 TVL보다는 사용자 수와 트랜잭션 수가 중요한 지표가 된다. 반면 디파이 디앱이라면 TVL 규모가 가장 중요한 요소로 평가될 수 있다. 따라서 투자자나 사용자들은 자신이 이용하고자 하는 서비스의 특성을 고려하여, 해당 지표들을 종합적으로 분석하는 것이 필요하다.

#	dApp	Category	Users	30D %	TXN	30D %
1	Particle Network BSC opBNB	Infra-and-Tools	2.43M	-19.33%	19.07M	-30.90%
2	World of Dypians BSC opBNB	Games	1.53M	+16.07%	14.01M	+16.22%
3	Alaya AI opBNB	AI	1.44M	-21.22%	3.62M	-4.43%
4	UXUY Wallet BSC	Infra-and-Tools	1.1M	+377.05%	31.2M	+626.95%
5	MEET48 opBNB	AI	952.39K	-14.22%	21.96M	+10.17%

▲ 성장세에 따른 BNB 생태계 디앱 순위 / 자료 : BNB 체인

 BNB 체인 홈페이지에서는 최근 성장하고 있는 디앱의 순위를 보여준다. 위 그림은 2025년 2월 기준 BNB 생태계 디앱들의 한 달간 성장세 순위다. 하루, 일주일, 한 달 단위로 조회할 수 있고 카테고리별로 순위를 확인할 수 있다. 모두 BNB 체인에서 활용되고 있는 디앱들이지만, BNB 체인 외에 다양한 체인에서 동시에 활용되기도 한다.

 디앱 순위를 살펴보면 1위는 Particle Network로 인프라 관련 디앱이며, 2위는 World of Dypians로 게임 디앱이다. 3위는 Alaya AI로 AI 관련 디앱이다. 특히 최근에는 AI 관련 디앱들이 상위권을 차지하고 있는 것이 확인되며, 이는 AI가 블록체인 산업 내에서 중요한 트렌드로 자리 잡고 있음을 보여준다.

AI 관련 디앱들을 별도로 리스트할 수도 있기 때문에, AI 분야에서 유저 수 및 트랜잭션 수를 증가시키고 있는 인기 디앱이 무엇인지도 확인할 수 있다. 코인 가격 역시 중요한 요소지만, 장기적인 관점에서는 실제 유저 수와 트랜잭션 수가 더 중요한 지표가 될 수 있다.

만약 이러한 데이터로 볼 때 최근 급성장하고 있는 코인의 가격이 아직 시장에 충분히 반영되지 않았다면, 해당 프로젝트를 더욱 관심 있게 지켜볼 필요가 있다. 시장보다 조금 더 빠르게 매수 전략을 세우기 위해서는 단순한 가격 변동뿐만 아니라 실질적인 온체인 데이터를 기반으로 한 분석이 필수적이다. 이러한 통계 자료를 지속적으로 모니터링하면 장기적으로 유망한 프로젝트를 선제적으로 발굴하고, 보다 전략적인 투자 결정을 내릴 수 있다.

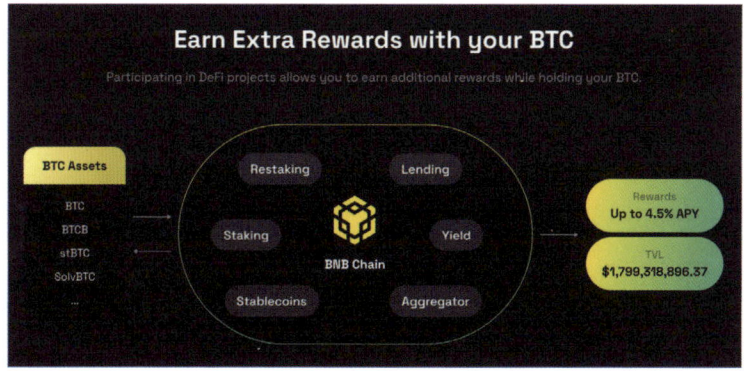

▲ 비트코인을 나두는 BNB 체인의 디파이 서비스 / 자료 : BNB 체인

2025년부터 이더리움 및 솔라나를 비롯한 주요 레이어1 블록체인에서 비트코인 자산을 활용한 디파이 서비스가 확대되기 시작했

다. 이에 따라 BNB 체인에서도 비트코인 자산을 활용할 수 있는 다양한 시스템이 활성화되고 있는데, 비트코인을 스테이킹, 재스테이킹, 예금, 대출, 디파이 유동성 공급 등으로 활용할 수 있는 서비스 등이 갖춰지고 있다.

현재까지 비트코인을 활용한 디파이 서비스들의 상당수는 이더리움 기반으로 운영되고 있다. 이러한 서비스들은 이더리움과 호환성이 높고 수수료가 낮은 BNB 체인에서도 빠르게 확장되고 있다. 이것은 소액으로 비트코인 디파이 서비스를 활용하고자 하는 이들에게 보다 적합한 선택지가 된다. 알트코인 투자자라면 이러한 프로젝트들에 대한 관심을 높일 필요가 있다.

5-3 보안성과 안정성에 집중한 카르다노

BNB 체인 다음으로 시가총액이 높은 레이어1 블록체인은 카르다노(Cardano)이다. 세간에는 에이다(ADA)라는 이름으로도 유명하다. 카르다노는 이더리움 및 솔라나와 비교했을 때 보안성을 더욱 강조하여 설계된 블록체인이다.

비트코인에는 UTXO(Unspent Transaction Output)라는 개념이 존재한다. 이는 비트코인 전송 과정에서 어떤 방식으로 코인이 이동하고 관리되는지를 정의하는 시스템이다. 반면 이더리움을 포함한 대부분의 레이어1 블록체인은 계정(Account) 기반의 코인 관리 및 전송 시스템을 사용한다. 비트코인의 UTXO 시스템은 보안성을 높이는 데 기여하지만, 다양한 스마트컨트랙트 개발에는 제약이 따른다. 이더리움이 다양한 스마트컨트랙트를 구현할 수 있는 이유는, UTXO 방식이 아닌 계정 기반 시스템을 도입했기 때문이다. 이로 인해 이더리움은 활용성이 높아졌지만, 이는 디파이에서 빈번하게 해킹 사건이 발생하는 원인 중 하나로 작용하고 있다. 반면 비트코인에서는 이와 같은 디파이 해킹 사고가 발생하지 않는데, 그 이유가 바로 UTXO 시스템 덕분이다.

카르다노는 비트코인과 동일하게 UTXO 개념을 코인의 기본 전송 및 관리 방식에 적용하고 있다. 그러나 비트코인에서 사용되는 기존 UTXO 방식만으로는 스마트컨트랙트 개발이 어려우므로, 이를 확장한 EUTXO(Extended UTXO) 개념을 도입하여 스마트컨트랙트 개발을 가능하게 만들었다.

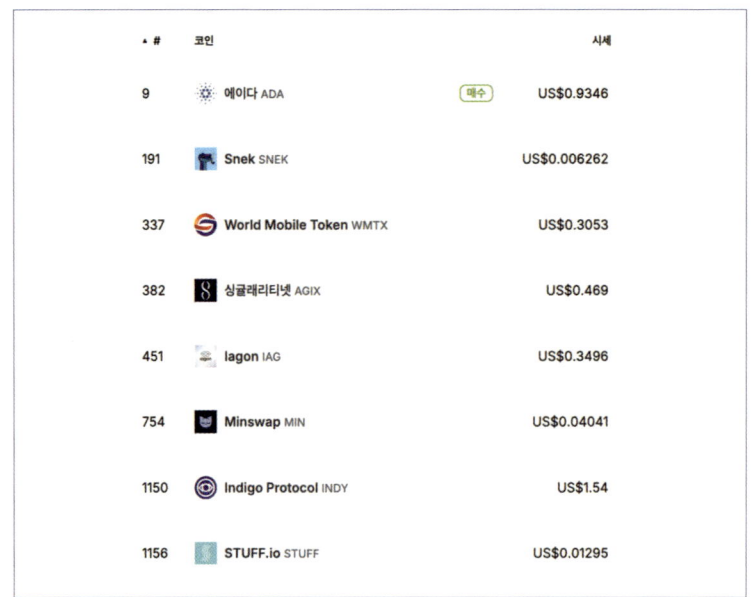

▲ 카르다노 생태계 코인의 시가총액 순위 / 자료 : 코인게코

다만 UTXO 기반 시스템의 특성상 개발 속도가 느리다는 단점

이 있는데, 이는 아직 카르다노 생태계에 많은 디앱이 유치되지 못한 이유이기도 하다. 투자자 입장에서 보면 카르다노는 보안성을 최우선으로 고려한 블록체인 플랫폼이지만, 그로 인해 빠르게 변화하는 시장 트렌드를 따라가기 어려운 구조적 한계를 가지고 있다.

그러나 2024년 이후부터 카르다노 생태계에서도 디앱이 점차 활성화되기 시작했다. 탈중앙화 거래소도 등장했으며, 2024년 트렌드였던 밈코인 프로젝트도 생겨났다.

카르다노 생태계에서 출시된 대표적인 밈코인은 Snek이며, 이를 거래할 수 있는 카르다노 기반의 탈중앙화 거래소는 미니스왑(Miniswap)이다. Snek은 일반적인 중앙화 거래소에서도 거래할 수 있을 정도로 인기를 얻은 프로젝트였다.

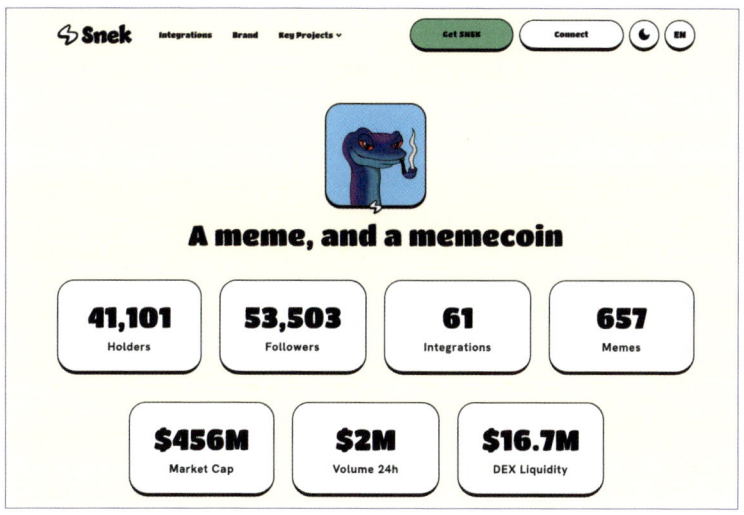

▲ 카르다노 대표 밈코인 Snek / 자료 : Snek

위 그림은 카르다노 생태계에서 출시된 대표적인 밈코인 Snek
의 홈페이지다. Snek은 카르다노 생태계의 메인 암호화폐인 에이다
(ADA) 코인 다음으로 높은 시가총액을 기록한 프로젝트로, 카르다노
생태계 내에서 가장 주목받는 밈코인이었다.

최근에는 점진적으로 디앱 생태계가 성장하고 있으나, 카르다노
는 여전히 보안성과 안정성을 우선하는 철학을 유지하고 있다. 이는
장기적인 관점에서 카르다노의 발전 가능성을 주목해야 하는 이유
중 하나다.

카르다노 생태계를 대표하는 디앱들을 확인하기 위해서는 카르
다노 기반 탈중앙화 거래소인 미니스왑에서 정보를 찾아야 한다. 미
니스왑 홈페이지에서는 현재 TVL 및 거래량(Trading Volume)이 높은
토큰 풀이 무엇인지를 알려주는데, 상위권 리스트에서 현재 인기 있
는 대표 디앱들을 확인할 수 있다.

Name		TVL	Vol (24h)	Vol (7d)	APR
☆	MIN - ADA V2 1% · 0.3%	24.75M ▲	110.56K ▲	718.2K ▲	1.24%
☆	SNEK - ADA V2 1%	12.85M ▲	683.67K ▲	12.75M ▲	25.71%
☆	FLDT - ADA V2 0.8%	5.56M ▲	33.86K ▲	194.96K ▲	2.05%
☆	IAG - ADA V2 0.75%	3.72M ▲	501.36K ▲	2.57M ▲	12.56%

▲ 카르다노 대표 DEX인 미니스왑 / 자료 : 미니스왑

위 그림을 보면 가장 상위에 위치한 풀은 MIN-ADA다. MIN은 미니스왑의 거버넌스 토큰이기에 카르다노의 메인 암호화폐인 에이다와의 교환 풀 비중이 가장 크다. 두 번째로 TVL이 높은 풀은 SNEK-ADA인데, 앞서 말한대로 SNEK은 카르다노를 대표하는 밈코인이다. 그다음으로 FLDT, IAG 등의 토큰들이 높은 TVL을 기록하고 있다.

카르다노 생태계에서 새롭게 출시되는 디앱 서비스들은 중앙화 거래소가 아니라 미니스왑과 같은 탈중앙화 거래소에 먼저 상장된다. 따라서 카르다노에 투자하는 투자자라면, 미니스왑에서 어떤 코인들이 새롭게 인기를 얻고 있는지를 지속적으로 확인할 필요가 있다. 특히 TVL과 거래량이 높은 토큰 풀을 분석하면 현재 시장에서 가장 주목받고 있는 프로젝트들이 무엇인지 파악할 수 있다.

5-4 창업자의 영향력이 큰 트론 생태계

카르다노 다음으로 시가총액이 높은 레이어1 블록체인은 트론 생태계이다. 트론은 다른 레이어1 블록체인과 달리, 창업자의 영향력이 가장 큰 생태계로 평가된다. 암호화폐 업계에는 여러 유명한 인플루언서가 존재하지만, 그중에서도 가장 큰 영향력을 행사하는 인물 중 하나가 트론의 창업자인 저스틴 선(Justin Sun)이다.

저스틴 선 외에도 이더리움 창업자인 비탈릭 부테린(Vitalik Buterin)이 최고의 개발자이자 혁신가로 유명하고, 바이낸스 창업자인 창펑 자오(Changpeng Zhao)가 세계 최대 암호화폐 거래소를 만든 기업가로 유명하다. 그중에서도 저스틴 선은 암호화폐 업계에서 가장 강력한 마케팅 및 사업 능력을 갖춘 인플루언서로 평가받는다. 그래서 시장의 트렌드를 빠르게 반영해 트론의 가치를 높이는 전략을 구사하는 인물로 알려져 있다.

이러한 특성 때문에 트론 생태계를 분석할 때는 기술적 혁신이나 프로젝트 팀, 벤처캐피털 투자 규모보다도 저스틴 선의 행보를 주목하는 것이 중요하다. 트론은 다른 레이어1 블록체인들과 비교했을 때 메인넷 창업자의 영향력이 절대적인 블록체인 생태계라고 볼 수 있다.

그러나 트론은 단순히 창업자의 영향력 외에도, 레이어1 블록체인으로서 여러 가지 강점을 보유하고 있다. 우선 트론은 EVM 호환이 되므로, 이더리움에서 개발된 디앱들이 트론 생태계에서도 동일하게 운영될 수 있다. 이는 개발자들에게 더 많은 확장성을 제공하며, 기존 이더리움 기반 프로젝트들이 트론에서도 쉽게 런칭될 수 있도록 한다.

또한 트론은 스테이블코인 USDT의 주요 네트워크이기도 하다. 암호화폐 시장에서 가장 영향력 있는 스테이블코인인 USDT는 트론 네트워크에서 가장 활발하게 유통되고 있다. 이는 트론의 거래 수수료가 저렴하고 거래 처리속도도 빠르기 때문이다. 많은 암호화폐 투자자들이 USDT를 옮길 때 트론 네트워크를 사용한다.

트론은 저렴한 수수료와 빠른 거래 속도를 바탕으로 특히 스테이블코인 시장에서 강력한 입지를 구축하고 있다. 그리고 저스틴 선의 전략적 움직임에 따라 생태계가 빠르게 변화하는 특징을 보인다. 따라서 트론 생태계에 관심이 있는 투자자라면 저스틴 선의 행보를 지속적으로 주목하는 것이 필수적이다.

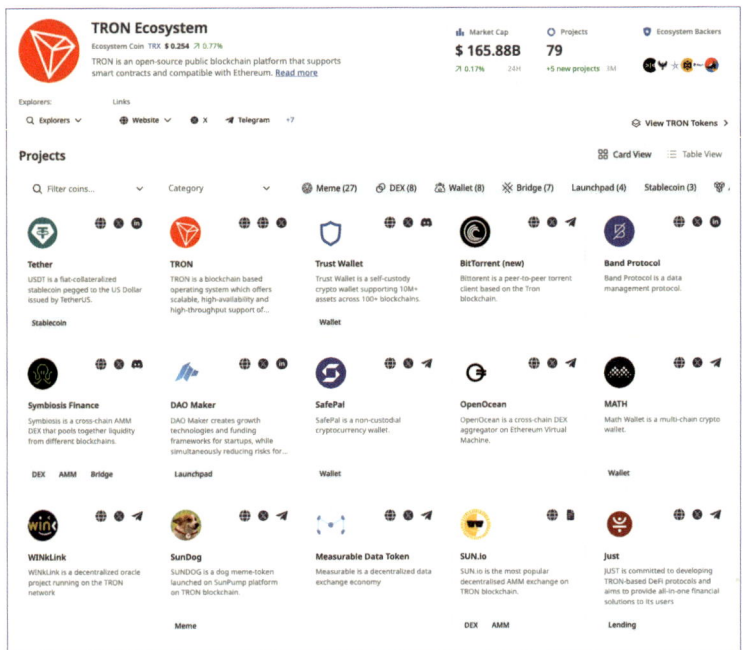

▲ 트론 생태계 정보 / 자료 : 크립토랭크

위 그림은 트론 생태계의 각종 지표와 코인들을 보여주고 있다. 트론 생태계에서 트론 이상으로 가장 핵심적인 암호화폐는 바로 USDT 스테이블코인이다. 이더리움 네트워크에서 USDT를 송금하거나 입금받을 경우, 수수료가 적게는 10달러 많게는 30달러 이상 발생하는 경우가 많다. 반면 트론 네트워크에서는 USDT 전송 수수료가 약 1달러 수준으로 저렴하다. 또한 트론은 지분증명 기반의 블록체인을 구현하고 있는데, 트론을 많이 스테이킹할수록 수수료가 감소하는 특혜가 있다.

예를 들어 특정 중개인이 트론을 대량으로 스테이킹하여 USDT

를 저렴하게 전송해주는 서비스를 제공한다면, 해당 서비스를 이용하는 사용자들은 거의 무료에 가까운 수수료로 코인을 송금할 수 있다. 즉 트론 생태계는 단순한 블록체인 네트워크를 넘어, 지불 및 결제 관련 중개인 사업자들에게 새로운 비즈니스 기회를 창출하는 환경을 제공하는 것이다.

일반적으로 새로운 기술과 혁신은 이더리움에서 먼저 등장한다. 최초의 탈중앙화 거래소, 최초의 밈코인 생태계, 최초의 NFT, 최초의 예·적금 서비스 등은 모두 이더리움에서 탄생했다. 이후 이더리움에서 개발된 새로운 서비스들은 다른 EVM 기반의 레이어1 블록체인으로 쉽게 이전된다. 대표적으로 BNB 체인은 이더리움에서 처음 등장한 서비스들을 빠르게 도입하여 자체 생태계를 확장하는 전략을 사용했다.

트론 생태계도 이와 유사한 방식으로 운영된다. 트론은 EVM 호환이 되는 블록체인이므로, 이더리움에서 탄생한 서비스를 트론 네트워크로 가져와 활용하는 것이 용이하다. 따라서 트론 생태계에서도 이더리움 기반의 디파이, NFT, 밈코인, DEX 등의 서비스들이 빠르게 도입되고 있다.

그로 인해 트론 생태계에는 다양한 디앱들이 존재하는데, 이들은 이더리움에서 성공한 서비스들과 유사한 역할을 수행하는 프로젝트들이다. JUST는 트론 기반의 대표적인 예금·대출 서비스로, 이더리움의 에이브와 유사한 기능을 제공한다. 사용자는 JUST 플랫폼에서 암호화폐를 예치하고 대출을 받을 수 있으며, 탈중앙화 금융서비스를 활용할 수 있다.

SUN.IO는 트론 생태계에서 가장 중요한 탈중앙화 거래소로, 이더리움의 유니스왑과 유사한 역할을 한다. 트론 네트워크 내에서 다양한 토큰을 교환할 수 있으며, 스왑 및 유동성 공급 기능을 지원한다.

SunDog는 트론 기반의 밈코인으로, 2024년 솔라나 주도의 밈코인 시장에서 영감을 받아 탄생했다. 특히 트론 창업자인 저스틴 썬의 이름을 따서 만들어진 밈코인이라는 점에서 트론 생태계 내에서 주목받고 있다.

BitTorrent는 P2P 파일 공유 시스템으로 널리 알려진 토렌트를 저스틴 썬이 인수하면서 블록체인 기술을 접목하여 확장한 서비스이다. 기존의 토렌트 시스템에 블록체인 기반의 토큰 인센티브 시스템을 추가하여, 참여자들에게 보상을 제공하는 방식으로 운영된다. 2025년 상반기부터는 AI 기술을 결합하는 전략을 통해 더 효율적인 P2P 파일 공유 및 콘텐츠 유통 시스템을 구현하여 시장의 관심을 받고 있다.

트론 생태계는 저스틴 썬이라는 강력한 인플루언서이자 사업가에 의해 운영되는 블록체인 생태계로, 암호화폐 시장에서 가장 독보적인 위치를 차지하고 있는 블록체인 프로젝트 중 하나다. 일반적으로 블록체인 및 암호화폐 시장은 탈중앙화(Decentralization)라는 개념을 중심으로 발전해왔지만, 트론은 오히려 창업자 개인의 영향력을 적극 활용하고 중앙화된 요소를 일부 결합하여 성공적인 생태계를 구축했다. 트론은 기존의 블록체인 철학과는 다소 다른 방향성을 가졌음에도 불구하고, 시장에서 효과적인 비즈니스 전략을 구사하여 사용자 유입을 빠르게 확장하는 데 성공한 사례로 평가받는다.

트론 창업자인 저스틴 썬과 이더리움 창시자인 비탈릭 부테린은 매우 대조적인 성향을 가지고 있다. 비탈릭 부테린은 기술 중심의 사고방식을 가진 개발자로, 시장 가격과 대중의 반응에 크게 신경 쓰지 않고 기술적 혁신과 네트워크 개선에 집중하는 경향이 강하다. 이와 달리 저스틴 썬은 사업가이자 마케터로, 기술보다는 시장 가격과 대중의 반응을 이끌어내는 전략에 집중한다. 그는 마케팅과 트렌드 활용 능력이 뛰어나, 이를 위시한 적극적인 사업 확장을 통해 트론 생태계를 성장시켜왔다.

따라서 비탈릭 부테린은 블록체인의 기술적 발전을 주도하는 개발자, 저스틴 썬은 블록체인의 상업적 성공과 대중화에 집중하는 사업가로 볼 수 있다. 이러한 차이점은 각각의 생태계 운영 방식에도 큰 영향을 미친다. 트론이 기술적 혁신보다는 빠른 시장 대응과 비즈니스 기회를 활용하는 전략을 취하는 이유이기도 하다.

5-5 텔레그램 커뮤니티 중심의 톤

2024년 이후 빠르게 성장한 레이어1 블록체인 중 하나로 톤(TON, The Open Network) 생태계가 있다. 톤 생태계는 글로벌 메신저 앱인 텔레그램(Telegram)이 개발한 레이어1 블록체인으로, 기존 블록체인 기술의 복잡성을 줄이고 일반 사용자들에게 더욱 친숙한 환경을 제공하는 것을 목표로 한다.

대부분의 암호화폐 투자자들은 중앙화 거래소에서 암호화폐를 사고파는 데 익숙할 뿐이다. 탈중앙화 거래소나 개인지갑을 활용하는 투자자는 상대적으로 소수에 불과하다. 이는 탈중앙화 서비스들이 사용자 친화적이지 않으며, 접근성이 낮기 때문이다. 이 문제는 암호화폐 업계에서 해결해야 할 중요한 과제로 오랫동안 다뤄져왔다. 많은 블록체인 프로젝트가 사용성을 개선하고 진입장벽을 낮추기 위해 다양한 솔루션을 개발해 왔으나, 아직까지도 일반 사용자가 쉽게 접근할 수 있는 암호화폐 환경을 구축하는 것은 쉽지 않은 상황이다.

톤 블록체인은 텔레그램이라는 강력한 사용자 친화적 서비스를 활용하여, 암호화폐 및 블록체인 기술을 보다 쉽게 접근할 수 있도록 하는 것을 목표로 하고 있다. 특히 텔레그램 내에서 직접 암호화폐 거래 및 활용이 가능하도록 설계된 점은 기존 블록체인 프로젝트들과 차별화되는 중요한 요소다. 그리하여 톤은 가장 빠르게 성장하고 있는 대표적인 레이어1 블록체인들 중 하나로 자리매김하고 있다.

톤 생태계의 가장 큰 강점은 이미 확보된 수억 명의 텔레그램 유저들을 활용하여 암호화폐 지갑 및 생태계 접근성을 극대화한 점이다. 일반적으로 사용자들이 탈중앙화 거래소를 이용하려면, 별도의 암호화폐 지갑을 설치하고 DEX에서 거래하는 방법을 익혀야 하는 진입장벽이 존재했다. 그러나 톤 생태계는 기존 텔레그램 사용자들이 쉽게 지갑을 생성하고 간단한 방식으로 거래할 수 있도록 하는 새로운 방법을 제시했다. 블록체인 생태계를 새롭게 구축하면서도 텔레그램 메신저의 활용성을 최대한 살려, 메신저 내에서 자동으로 지갑을 생성하고 거래를 간편하게 수행할 수 있도록 설계된 것이다.

또한 텔레그램 봇(Bot) 기능을 누구나 쉽게 만들고 이를 톤 생태계와 연결할 수 있도록 지원하여, 프로젝트 팀들이 손쉽게 자신들의 블록체인 프로젝트를 런칭할 수 있도록 하였다. 이를 통해 톤 생태계는 블록체인 개발자뿐만 아니라 일반 사용자들까지 손쉽게 참여할 수 있는 개방형 환경을 조성하고 있으며, 이는 기존 블록체인 플랫폼들과 차별화되는 요소로 작용하고 있다.

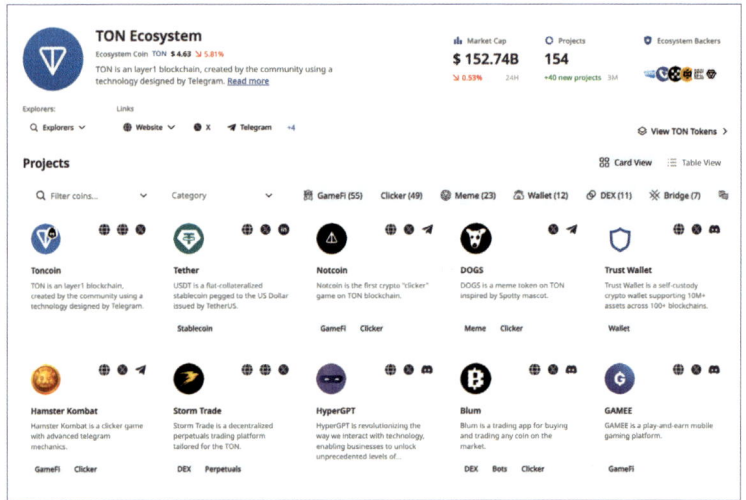

▲ 톤 생태계 정보 / 자료 : 크립토랭크

위 그림에 있는 낫코인(Notcoin)은 톤 생태계를 시장에서 주목받게 만든 대표적인 프로젝트 중 하나다. 낫코인은 텔레그램 사용자들이 쉽게 실행할 수 있도록 채팅 봇 형태로 개발되었으며, 게임적 요소를 접목한 독특한 방식으로 사용자들을 유입시켰다.

낫코인은 초기 출시 당시 NotBot이라 불리는 텔레그램 봇을 실행하면 간단한 게임을 플레이할 수 있도록 설계되었다. 스마트폰에서 해당 봇을 실행하면, 화면을 터치하여 포인트를 쌓는 방식의 간단한 게임이 진행되었으며 'Probably Nothing(아무것도 아닐 수도 있음)'이라는 메시지를 띄우면서 사용자가 쌓는 포인트가 의미가 있을지

없을지는 알 수 없다는 암시를 남겼다. 사용자들은 기대감과 재미로 매일 봇 게임을 실행하면서 터치를 통해 포인트를 축적했고, 시간이 지나자 해당 프로젝트는 자체 토큰을 출시하였다. 그동안 스마트폰으로 꾸준히 화면을 터치하며 게임을 즐긴 사용자들에게 무료 에어드랍을 진행하면서 시장의 관심을 더욱 끌었다.

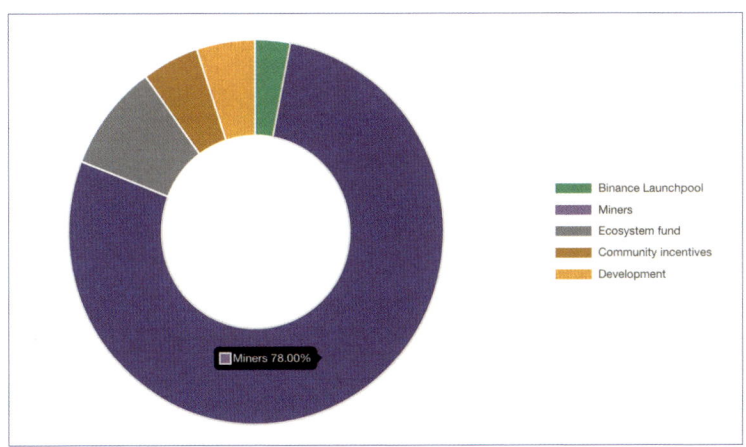

▲ 낫코인의 토큰이코노미 / 자료 : 바이낸스 리포트

특히 낫코인은 초기 토큰 공급량의 78%를 스마트폰으로 게임을 즐긴 사용자들에게 배포하는 독특한 방식을 채택했다. 이전에도 여러 프로젝트가 에어드랍을 통해 토큰을 시장에 분배했지만, 낫코인만큼 대규모로 사용자에게 직접 배포한 사례는 없었다.

낫코인은 토큰이 출시된 이후 시장에서 성공적으로 가격이 상승했으며, 초기부터 스마트폰으로 낫코인을 채굴한 사용자들은 큰 수익을 거두었다. 이러한 성공 사례는 톤 생태계를 더욱 활성화시키는 계기가 되었으며, 텔레그램을 기반으로 블록체인 서비스가 얼마나 빠르게 확산될 수 있는지를 보여준 대표적인 사례로 평가받고 있다. 동시에 톤 생태계에서 비슷한 방식의 게임형 디앱 및 에어드랍 기반의 프로젝트들이 활발하게 등장하는 계기가 되기도 했다.

낫코인의 성공 이후, 톤 생태계에서는 수많은 새로운 디앱들이 출시되었다. 낫코인과 비슷하게 누구나 쉽게 텔레그램 봇을 실행하고 터치를 통해 포인트를 얻은 후, 이후의 에어드랍을 기대하게끔 만드는 프로젝트들이 대거 등장했다. 이러한 방식의 프로젝트들은 지금도 계속해서 출시되고 있다.

초기에는 게임형 앱들이 다수 출시되었으며 이후 시간이 지나면서 탈중앙화 거래소, 밈코인 거래소 등도 등장했다. 일반적으로 중앙화 거래소에서 거래하는 것에 익숙한 사용자들은 기존의 탈중앙화 거래소나 밈코인 거래소의 경우 접근성이 낮아 사용하기 어려웠다. 그러나 텔레그램이라는 강력한 커뮤니케이션 메신저를 기반으로 한 톤 생태계는, 사용자가 몇 번의 클릭만으로 쉽게 봇을 실행하고 탈중앙화 거래소를 이용하고 밈코인 거래를 할 수 있는 환경을 마련했다.

특히 주목할 만한 점은 톤 생태계 외부의 다른 레이어1 블록체인에서 출시된 서비스들도 텔레그램 봇을 개발하고 서비스를 런칭하여 사용자들을 확보하기 시작했다는 것이다. 암호화폐 투자자들이 주로 정보를 얻는 주요 플랫폼은 X(트위터)와 텔레그램이다. 실제로 많은 투자자들이 텔레그램을 통해 실시간 정보를 얻고 투자 결정을 내리기 때문에, 텔레그램 기반의 생태계는 가장 직접적이고 즉각적인 투자자 유입을 가능하게 한다.

기존 프로젝트 팀 입장에서 보면, 중앙화 거래소에서만 거래하는 투자자들과 탈중앙화 거래소 및 디파이를 활용하는 투자자들이 공존하는 텔레그램은 둘 모두를 효과적으로 확보할 수 있는 주요한 창구가 되었다. 그렇기에 텔레그램 봇을 활용하여 프로젝트를 런칭하면 기존 레이어1 기반 프로젝트들도 보다 효과적으로 투자자 커뮤니티를 형성하고 프로젝트의 성공적인 초기 확장을 도모할 수 있는 기회를 얻게 된다.

톤 생태계는 아직 발전 중인 블록체인 플랫폼으로, 빠른 성장과 함께 여러 가지 도전과제도 존재한다. 오픈소스 블록체인의 성격상 스캠(사기) 프로젝트들이 다수 존재하며, 단순히 초반에 사용자만 대량으로 모으고 실제 프로젝트의 가치를 실현하지 못하는 프로젝트들도 많다. 사용자 편의성을 고려해 많은 이용자를 유입시키는 데 성공했지만 너무 많은 사용자들이 참여함으로 인해 기대만큼의 에어드랍 보상이 지급되지 않는 경우도 발생하고 있다. 이는 향후 시장에서 톤 생태계 자체에 대한 부정적인 반응을 불러일으킬 수도 있다.

그럼에도 불구하고 톤 생태계는 텔레그램이라는 거대한 커뮤니케이션 메신저를 기반으로 실질적인 암호화폐 투자자들을 대규모로 확보하고 있다는 점에서 경쟁력을 갖추고 있다. 또한 현재까지 출시된 블록체인 프로젝트들에 비해 가장 사용자 친화적인 접근 방식을 채택한 것이 특징이다. 텔레그램 메신저를 활용하여 복잡한 지갑 설치나 거래소 가입 과정 없이 간편하게 암호화폐에 투자하고 다양한 프로젝트에 접근할 수 있는 기회를 제공하고 있다는 점은 톤 생태계의 가장 큰 강점 중 하나다.

톤 생태계에 관심이 있다면 크립토랭크 홈페이지에서 톤 생태계 프로젝트를 확인하고 직접 사용해보는 것을 추천한다. 그러나 아직 상당수 톤 생태계 프로젝트들은 스캠일 가능성이 있거나 검증되지 않은 상태에서 운영되는 경우가 많기 때문에, 사전에 프로젝트의 신뢰성을 검토하는 것이 필수적이다.

크립토랭크 홈페이지에서 소개되는 톤 생태계 프로젝트들은 기본적인 검증을 거친 프로젝트들이므로, 최근 톤 생태계에서 어떤 변화가 일어나고 있는지 파악하는 데 유용하다. 이는 새로운 프로젝트에 투자할지 여부를 결정할 때도 활용할 수 있다.

톤 생태계는 아직 성숙 단계에 도달하지 않았으며, 빠르게 발전하는 과정에 있다. 그래서 신뢰할 수 있는 프로젝트와 그렇지 않은 프로젝트를 구분하는 것이 매우 중요한 시점이다. 따라서 사용자들은 검증된 정보와 신뢰할 수 있는 플랫폼을 활용하여 신중하게 참여하는 것이 필요하다.

레이어0 프로젝트 코스모스

코스모스 생태계는 기존의 레이어1 블록체인과 차별화된 구조를 갖고 있다. 일반적으로 레이어1 블록체인은 하나의 레이어1 메인넷 위에 다양한 탈중앙화 애플리케이션이 구축되는 형태로 운영된다. 그러나 '레이어0(Layer 0)' 플랫폼인 코스모스는, 그 안에 개별적인 블록체인 검증 시스템을 갖춘 여러 레이어1 프로젝트들이 구축되면서도 레이어1 간의 상호 연결이 가능하도록 설계되었다.

이더리움과 후속 레이어1 블록체인들이 등장한 이후 수많은 디앱들이 출시되었다. 그러나 서로 다른 블록체인에서 운영되는 디앱들은 상호 연결되지 못하는 확장성의 한계가 드러났다. 이러한 문제를 해결하기 위해 코스모스는 각 블록체인이 독립적으로 운영될 수 있도록 프레임워크를 제공하되, 이들이 IBC(Inter-Blockchain Communication) 기술을 통해 서로 연결될 수 있도록 했다.

IBC는 블록체인 간 데이터 및 자산을 주고받을 수 있도록 설계된 통신 프로토콜로, 코스모스 생태계에서 제공하는 텐더민트 (Tendermint) 엔진을 활용하여 구현된다. 이를 통해 코스모스에 속한 개별적인 레이어1 블록체인들끼리 상호 자유롭게 자산을 전송하고 다양한 정보를 교환할 수 있다.

일반적으로 서로 다른 레이어1 블록체인 간에 교류를 할 때는 브릿지 기술을 활용한다. 그러나 코스모스 생태계에서는 별도의 브릿지 단계를 구축하지 않아도, 초기 설계 단계에서부터 레이어1 블록체인 간의 원활한 통신을 가능하게 하는 모듈형 구조가 갖춰져있다. 이를 통해 코스모스 생태계는 보다 유연하고 효율적인 블록체인 네트워크의 구축이 가능케 됐다.

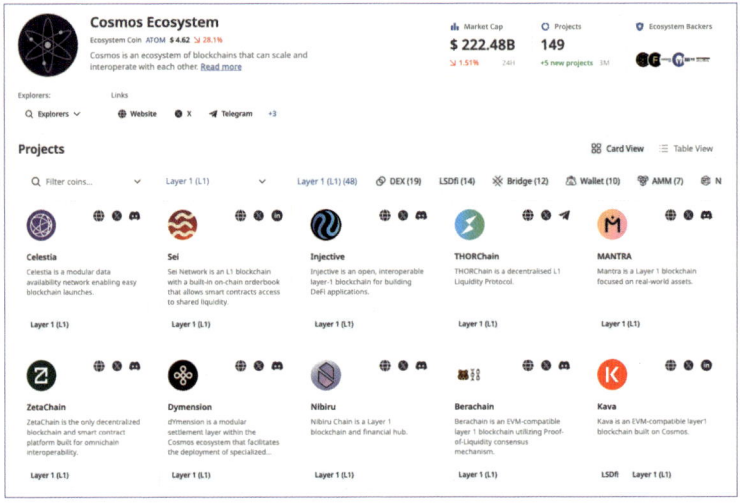

▲ 코스모스 생태계 정보 / 자료 : 크립토랭크

위 그림에서 볼 수 있는, 코스모스 생태계를 구성하는 프로젝트들은 모두 레이어1 블록체인이다. 2024년 이후 시장에서 주목받고 있는 셀레스티아(Celestia), 세이(Sei), 인젝티브(Injective) 등의 프로젝트는 각자의 독립적인 블록체인 합의 시스템을 보유하고 있지만, 동시에 코스모스 생태계에 속한 하위 프로젝트이기도 하다.

뿐만 아니라 세계 최대 규모의 암호화폐 거래소인 바이낸스와 OKX에서 운영하는 레이어1 블록체인 역시 코스모스에서 제공하는 엔진을 기반으로 구축되었다. 코스모스 생태계에서 제공하는 텐더민트 엔진을 활용하면 같은 계열의 레이어1 블록체인 간에 IBC가 구축돼 토큰과 메시지를 원활하게 교환할 수 있다. 다만 해당 블록체인 프로젝트가 독립적인 운영을 원할 경우, IBC 통신 채널을 열지 않음으로써 독자적인 레이어1 서비스를 유지할 수도 있다. 대표적인 사례가 바이낸스에서 개발한 BNB 체인이다. BNB 체인은 코스모스를 기반으로 구축되었으나, IBC 채널을 오픈하지 않았기 때문에 다른 코스모스 생태계 블록체인과 자유로운 자산 교환은 불가능하다.

또한 코스모스의 프레임워크는 각각의 프로젝트가 합의·검증 방식, 블록 생성 시간 등의 요소를 자체적인 목적에 맞게 자유롭게 수정하여 적용할 수 있게 한다. 기존 이더리움의 EVM(Ethereum Virtual Machine)에서 디앱을 개발할 경우, 이더리움의 합의 메커니즘과 EVM 환경에 종속될 수밖에 없었다. 그러나 코스모스의 텐더민트 엔진을 사용하면 이러한 제약에서 벗어나 프로젝트의 목표에 맞는 맞춤형 블록체인 서비스를 구축할 수 있다는 강점이 있다.

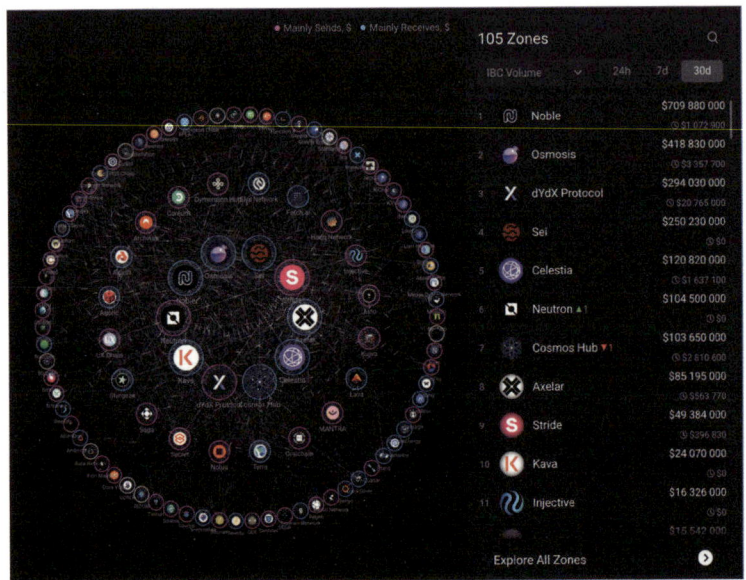

▲ 코스모스 IBC 생태계 / 자료 : Mapofzones

위 사이트는 IBC를 통해 코스모스 레이어1 블록체인 간에 자산을 이동시킨 현황을 실시간으로 보여준다. 중앙에 위치한 라운드가 가장 많은 자산이 오가는 블록체인을 나타내며, 그다음 라운드로 갈수록 자산 이동 규모가 점점 작아진다.

사이트 오른쪽에는 최근 한 달 동안 IBC를 통해 이동한 자금 규모가 표시되어 있다. 가장 먼저 언급되는 블록체인은 노블체인(Noble Chain)으로, 코스모스 생태계 내에서 스테이블코인 USDC를 발행하고 유통하는 역할을 한다. 두 번째는 오스모시스(Osmosis)로, 코스모스 생태계를 대표하는 탈중앙화 거래소이다. dYdX 프로토콜은 선물 거래소이며, 세이(Sei)는 코스모스의 합의 엔진을 고속 개선하여

EVM과의 호환성을 갖추게 하는 레이어1 블록체인이다. 셀레스티아(Celestia)는 레이어2 데이터 가용성(Danksharding) 솔루션 제공 프로젝트로 2024년 들어 시장에서 주목받고 있다.

2023년 이후 코스모스 생태계에서는 에어드랍이 활발하게 이루어졌으나, 2024년 시장이 변화하면서 다른 레이어1 및 이더리움 레이어2 생태계에 비해 시장 내 거래량이 크게 감소하였다. 특히 스테이킹 기반으로만 진행되던 기존의 에어드랍 트렌드가 다양한 형태로 확장되는 과정에서 이더리움 레이어2의 성장과 솔라나 주도의 시장 확대가 이뤄졌고, 이로 인해 코스모스 생태계에서의 에어드랍 수익 규모는 이전보다 줄어드는 경향을 보였다.

그럼에도 불구하고 코스모스 생태계에서는 특정 코인을 스테이킹하거나 주요 NFT를 보유한 투자자들에게 지속적으로 에어드랍을 제공하는 이벤트가 진행되고 있다. 일부 프로젝트에서는 투자자가 코스모스 생태계 내의 다른 레이어1에 스테이킹을 하고 있거나 NFT를 보유하고 있어도 에어드랍 혜택을 제공하기도 한다.

새로운 프로젝트를 시작하는 프로젝트 팀의 입장에서는 다양한 선택지가 존재한다. 우선 이더리움 메인넷에서 서비스를 시작할 수도 있고, 이더리움 레이어2 솔루션 중 하나를 선택할 수도 있다. 또한 솔라나와 같은 비(非) EVM 기반 레이어1 블록체인을 활용하는 방법도 있다.

이외에 독자적인 레이어1을 구축하는 방법이 있으나, 보안과 기술적 난이도로 인해 상당한 어려움이 따른다. 그러나 코스모스 생태계에서 제공하는 오픈소스 프레임워크를 활용하면 상대적으로 쉽게 자체적인 레이어1을 구축할 수 있다. 처음부터 독자적인 레이어1을 개발하고 구축하는 것은 비용과 리스크가 매우 크기 때문에 코스모스는 매우 합리적인 선택지가 된다.

지금까지 주요 생태계의 특징과 장단점을 살펴봤다. 투자자라면 내가 투자하고 있는 서비스가 어떤 레이어1에 속해 있는지, 그리고 해당 생태계의 기본적인 특징이 무엇인지를 파악하고 있어야 한다. 이 부분을 파악하고 있으면 장기적인 관점에서 해당 서비스가 어떻게 발전할지를 보다 명확하게 예측할 수 있을 것이다.

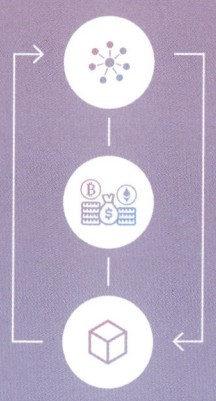

Chapter

전도유망한 코인 카테고리

6

6-1 비트코인 중심의 통화 및 결제 코인

일반적으로 암호화폐 생태계는 레이어1 코인을 중심으로 하여, 다양한 디앱과 토큰이 출시되며 확장되어 나간다. 그러나 일부 암호화폐는 오직 레이어1 형태로만 존재하기도 한다. 그중 하나가 바로 통화 및 결제 관련 코인이다. 이러한 코인들은 대부분 레이어1 코인이면서도 별도의 생태계를 갖추고 있지 않은 경우가 많다. 이는 해당 코인이 통화 및 결제 기능 구현에 초점을 맞추고 있기 때문으로, 이더리움과 같은 스마트컨트랙트 기반의 탈중앙화 애플리케이션 플랫폼과는 성격이 다르다.

대표적인 예시로 최초의 암호화폐인 비트코인을 들 수 있다. 비트코인 백서 제목에서도 확인할 수 있듯이, 비트코인은 'P2P 전자화폐 시스템'이다. 비트코인의 정체성을 탈중앙화 환경에서 운영되는 '통화 및 결제 코인'이라고 못 박은 셈이다.

대부분의 통화 및 결제 코인은 비트코인과 유사한 특징을 지니며, 비트코인과 동일한 기능을 수행하거나 일부 기능을 개선한 형태로 존재한다. 이러한 코인들은 일반적으로 비트코인의 '하드포크(Hard Fork)'를 통해 생성된 것으로 간주된다.

#	Name	Price	Market Cap	Volume (24H)	Circ. Supply
1	Bitcoin BTC	$ 95,366	$ 1.89T	$ 36.17B	BTC 19.82M
4	XRP XRP	$ 2.39	$ 137.97B	$ 19.34B	XRP 57.70B
23	Litecoin LTC	$ 97.86	$ 7.39B	$ 1.15B	LTC 75.49M
25	Bitcoin Cash BCH	$ 317.14	$ 6.29B	$ 340.56M	BCH 19.82M
32	Monero XMR	$ 214.73	$ 3.96B	$ 77.58M	XMR 18.45M
94	Bitcoin SV BSV	$ 38.36	$ 760.56M	$ 49.08M	BSV 19.82M
147	eCash XEC	$ 0.0000252	$ 499.23M	$ 44.46M	XEC 19.82T
149	Bitcoin Avalanch... BTC.b	$ 95,349	$ 494.25M	$ 44.79M	BTC.b 5.19K
150	Zcash ZEC	$ 30.97	$ 491.79M	$ 50.11M	ZEC 15.88M
205	Dash DASH	$ 24.63	$ 298.99M	$ 86.62M	DASH 12.13M

▲ 통화 및 결제 코인 순위 / 자료 : 크립토랭크

위 그림에는 비트코인을 포함한 통화 및 결제 코인들이 시가총액 순서대로 정리되어 있다. 비트코인 다음으로 시가총액이 높은 건 리플이다. 그리고 라이트코인, 비트코인캐시, 모네로, 비트코인SV 등이 있다. 특히 비트코인캐시, 비트코인SV는 비트코인이 하드포크된 코인으로 유명하다.

암호화폐에는 하드포크(Hard Fork)와 소프트포크(Soft Fork)라는 두 가지 개념이 존재한다. 이 둘은 모두 블록체인의 업그레이드 방식이지만, 그 기준과 결과는 크게 다르다. 하드포크는 새로운 블록체인을 생성하는 방식으로, 기존 블록체인과 호환되지 않는 변화를 수반한다. 반면 소프트포크는 기존 블록체인의 정체성을 유지하면서 일부 기능을 변경하는 방식으로, 기존 체인과의 호환성을 유지한다.

예를 들어 비트코인이 하드포크될 경우 채굴자는 원래의 비트코인을 계속 채굴할지, 아니면 하드포크된 새로운 비트코인을 채굴할지 선택해야 한다. 반면 소프트포크가 이루어질 경우 소프트웨어는 업그레이드되지만 기존 비트코인 네트워크는 그대로 유지되며, 채굴자는 계속해서 동일한 비트코인을 채굴하게 된다. 즉, 하드포크는 기존 블록체인에서 완전히 분리된 새로운 블록체인을 생성하는 것이고, 소프트포크는 기존 블록체인의 구조를 유지하면서 기능을 일부 개선하는 방식이라고 할 수 있다.

현재 시가총액 1위인 비트코인은 사토시 나카모토가 시스템을 공개한 이후로, 여러 차례 소프트포크만 진행되었을 뿐 동일한 블록체인으로 유지되고 있는 상태다. 최초로 채굴된 제네시스 블록(Genesis Block)과 지금 채굴되는 블록들은 모두 동일한 시스템을 기반으로 하고 있다. 블록체인 네트워크의 근본적인 정체성에는 변함이 없는 것이다.

그러나 비트코인에서 하드포크를 하여 갈라져 나온 코인들은 여러 가지다. 대표적인 사례로는 비트코인캐시와 비트코인SV가 있다. 하드포크가 이루어지면 기존 블록의 데이터는 동일하지만, 이후 생성되는 블록은 완전히 다른 기록을 갖게 된다. 예를 들어 비트코인 캐시와 비트코인SV의 경우 총 공급량 등 기본 정보는 비트코인과 동일하지만, 블록 생성 방식에 있어 블록의 크기 증가 및 데이터 구조 변경 등 일부 기술적 차이가 존재한다.

비트코인을 하드포크한 코인은 정말 다양하다. 그중에는 블록 크기를 확장하는 등 기술적 변화를 적용한 것도 있지만, 일부는 이름만 다를 뿐 기존의 코인과 거의 다를 바 없는 형태로 유지되는 경우도 있다. 그러나 이들 모두 비트코인의 기본적 기능인 '통화 및 결제' 역할은 그대로 유지하고 있다. 그러면서 거래 수수료 절감 또는 네트워크 속도 개선 등의 차별점을 갖고 가는 것이다.

현재도 다양한 비트코인 하드포크 코인들이 시장에서 거래되고 있으며, 앞으로도 새로운 하드포크가 등장할 가능성은 열려 있다. 심지어 현재 시가총액 1위인 비트코인 역시 하드포크의 가능성을 완전히 배제할 수는 없다.

비트코인의 모든 정보는 오픈소스로 제공되므로, 누구나 소스를 수정하여 새로운 암호화폐를 개발할 수 있다. 이러한 방식으로 탄생한 대표적인 코인이 라이트코인이다. 라이트코인은 비트코인의 소스코드를 일부 변경하여 더 빠른 거래 속도와 저렴한 수수료를 제공하는 화폐 및 결제 시스템을 목표로 개발되었다.

이후 라이트코인도 하드포크되어 새로운 코인이 만들어졌는데, 그중 가장 대표적인 것이 도지코인이다. 도지코인은 기본적으로 화폐 및 결제 시스템 코인으로 분류되지만, 동시에 밈코인의 성격도 지니고 있어 밈코인 카테고리에 속한다. 그러나 도지코인의 근원을 이해하면, 다른 밈코인들과 비교했을 때 비트코인 계열의 탈중앙화된 코인으로서 보다 견고한 네트워크 구조를 갖고 있음을 알 수 있다.

한편 모네로는 기존 비트코인 계열과는 다른 특징을 갖는다. 비트코인캐시와 라이트코인 등 비트코인 계열 코인들은 전용 채굴기(ASIC, Application-Specific Integrated Circuit)가 필요하다. 하지만 모네로는 일반 개인용 PC에서도 채굴이 가능하도록 설계되었다. 사용자는 보유하고 있는 CPU나 GPU를 이용해 채굴 프로그램을 실행하는 비교적 간단한 방법으로, 직접 채굴에 참여할 수 있다. 여유가 있다면 직접 모네로 채굴을 해보기 바란다. 실제로 큰 수익을 기대하기는 어렵지만, 작업증명 방식의 채굴 시스템을 이해하고 비트코인 및 블록체인 기술 전반을 학습하는 데 유용한 경험이 될 것이다.

모네로의 가장 큰 특징은 강력한 익명성이다. 비트코인도 계정의 익명성을 보장하지만, 모든 거래 내역이 블록체인 상에 공개되므로 거래 기록을 추적하면 일정 부분 신원 파악이 가능하다. 반면 모네로는 거래 내역의 일부 정보를 암호화하여 공개하지 않음으로써 완전한 익명성을 제공한다. 거래 자체는 블록체인 상에서 이루어지지만, 지갑 주소와의 연계성이 암호화 처리되어 외부에서 추적할 수 없다. 이러한 특성 덕분에 모네로는 완벽한 익명성을 보장하는 프라이버시 중심 암호화폐로 주목받고 있다.

리플은 다른 암호화폐와 달리 '중앙화된 방식'의 블록체인 시스템을 채택하고 있다. 일반적인 블록체인 프로젝트가 탈중앙화 및 채굴자 중심의 합의 알고리즘을 기반으로 운영되는 것과 달리, 리플은 전통 금융과의 연결성을 강화하는 방향으로 설계되었다.

대부분의 통화 및 결제용 암호화폐는 비트코인과 유사한 합의 알고리즘을 기반으로 하며, 채굴자를 중심으로 시장이 형성된다. 즉, 채굴자들이 네트워크를 유지하고 거래소에서 거래를 하는지에 따라 가격이 조정되는 방식이다. 그러나 리플은 이러한 구조와 달리 전통 금융권과의 협업 및 발전 정도에 따라 가치가 결정된다. 이는 리플이 단순한 암호화폐가 아니라 기존 금융 시스템과 블록체인 기술을 융합한 디지털 화폐라는 점을 보여준다.

현재 암호화폐 시장에서는 이더리움을 비롯한 스마트컨트랙트 및 탈중앙화 애플리케이션 플랫폼들이 주목을 받고 있지만, 통화 및 결제 또한 블록체인의 중요한 발전 분야임에 틀림없다. 투자자들은 이러한 지점을 이해한 후 투자 전략을 수립하는 것이 중요하다.

앞으로도 비트코인의 하드포크를 통해 새로운 통화 및 결제 중심 암호화폐들이 지속적으로 시장에 등장할 가능성이 크다. 또한 리플과 유사한 형태의 중앙화된 디지털 화폐 시스템이 새롭게 출시될 수도 있다. 더 나아가 완전히 새로운 기술을 적용한 블록체인이면서도, 통화 및 결제 중심의 목표를 지닌 프로젝트가 시장에 등장할 가능성도 높다. 일부 프로젝트는 통화 및 결제 기능을 중점적으로 제공하면서도, 스마트컨트랙트 및 탈중앙화 애플리케이션 개발이 가능한 하이브리드형 블록체인 플랫폼을 제공할 수도 있다. 이러한 변화 속에서 암호화폐 시장은 지속적으로 발전할 것으로 예상된다.

제도권과 디지털을 잇는 스테이블코인

암호화폐 거래소의 형태로는 중앙화 거래소와 탈중앙화 거래소가 있다. 일부 중앙화 거래소는 자국 법정화폐(Fiat Currency)와 연동된 거래를 지원하기도 하지만, 기본적으로 암호화폐 시장은 글로벌 성격을 갖기 때문에 달러 등의 기축통화를 사용한다. 반면 탈중앙화 거래소는 법정화폐를 지원하지 않으며, 오직 암호화폐 간의 거래만 가능한 구조로 운영된다.

이러한 암호화폐 시장의 독특한 특성으로 인해 스테이블코인이 탄생하게 되었다. 스테이블코인은 가치 변동성이 큰 일반 암호화폐와 달리, 특정 자산(주로 미국 달러)에 가치를 고정(Pegging)하여 안정성을 보장하는 디지털 자산이다.

최초의 스테이블코인은 USDT로, 테더(Tether Ltd.)에서 발행 및 관리한다. 테더의 USDT는 미국 달러 및 미국 국채 등을 담보로 하여

1USDT가 1달러의 가치를 유지하는 방식으로 설계되었다.

스테이블코인은 블록체인을 기반으로 운영되기에 중앙화 거래소와 탈중앙화 거래소 어디에서든 자유롭게 거래할 수 있다. 암호화폐 시장에서 사실상의 화폐 역할을 수행하는 것이다. 이를 통해 암호화폐 투자자들은 시장 변동성을 최소화하면서도, 빠르고 안정적인 자금 이동이 가능하다.

비트코인을 비롯한 대부분의 암호화폐는 변동성이 크다. 이런 가운데 스테이블코인은 암호화폐 시장에서 매우 핵심적인 역할을 수행한다.

비트코인은 인류 역사상 최초의 디지털 화폐로 등장했지만, 전통적인 기준에서 화폐의 역할과는 다소 거리가 있다. 일반적으로 모든 법정화폐는 시간이 흐름에 따라 인플레이션으로 인해 가치가 점진적으로 하락하지만, 단기적으로는 비교적 안정적인 가치를 유지한다. 화폐의 여러 기능 중 가장 중요한 역할은 교환 매개체로서의 기능이다. 화폐가 일정한 가치를 유지해야 상품의 가격이 안정적으로 유지되고, 사람들은 활발한 소비활동을 벌일 수 있다.

그런 반면에 최초의 디지털 화폐라 불리는 비트코인의 경우, 현실적으로 물건을 구매하거나 판매하는 데 활용되기 어렵다. 일부 웹사이트나 상점에서는 비트코인 결제를 받고 있으며 사람들도 종종 비트코인으로 결제하긴 하지만, 어디까지나 이벤트성이거나 경험적 측면에서 이뤄지는 경우가 많다. 일상의 빈번한 결제를 비트코인으로 하는 사람은 거의 없다. 특정 상황에서, 예를 들어 장거리 외환 송금 등의 경우에는 비트코인이 일반 화폐보다 유리할 수 있다. 그러나 대부분의 거래 상황에서는 결제 수단으로 적합하지 않다.

암호화폐가 일상적인 결제 수단이 되려면 가치가 일정해야 한다. 이러한 가치를 실현한 것이 바로 스테이블코인이다. 스테이블코인은 가치가 항상 일정하게 유지되며, 주로 기축통화인 미국 달러와 연동되어 1달러의 가치를 보장한다. 따라서 스테이블코인은 결제뿐만 아니라 암호화폐의 매매에도 폭넓게 활용된다.

원화나 달러로 암호화폐를 구매하려면 제3자의 중개가 필요하고, 그러려면 전통 금융기관의 시스템을 따라야 한다. 반면 스테이블코인은 블록체인 기반 시스템을 활용하기 때문에, 전통 금융기관의 시스템을 따를 필요 없이 거래를 가능케 한다. 원화나 달러가 가진 안정성을 기하는 동시에 암호화폐 거래의 속도와 효율성을 누릴 수 있는 것이다.

중앙화된 거래소는 국내 거래소와 해외 거래소로 나뉜다. 국내 거래소에서는 원화(KRW)를 기축통화로 사용하여 비트코인 및 다양한 알트코인을 사고팔 수 있다. 반면 해외 거래소는 보다 자유롭고 다양한 암호화폐 거래를 지원하지만, 원화를 직접 사용할 수 없으며 USDT 등 스테이블코인을 기축통화로 사용한다. 투자자는 USDT를 이용해 다른 암호화폐를 구매하거나, 보유한 암호화폐를 USDT로 교환할 수 있다. 즉 전 세계 누구나 암호화폐를 쉽게 사고팔 수 있도록 스테이블코인이 주요 결제 수단으로 활용되는 것이다.

스테이블코인은 중앙화 거래소에서 기축통화 역할을 할 뿐만 아니라, 디파이 시장에서도 중요한 역할을 수행한다. 디파이 시장에서 스테이블코인은 다양한 금융 상품의 담보 자산으로 활용되거나, 거래소에 유동성을 제공하는 역할을 한다. 즉, USDT 등의 스테이블코인은 미국 달러(USD)와 동일한 가치를 유지하면서도, 블록체인 기술을 기반으로 자유롭게 유통되고 활용될 수 있는 디지털 화폐라고 할 수 있다.

USDT 등의 스테이블코인은 달러나 미국 국채 등을 담보로 하여 1달러와 동일한 가치를 유지하도록 설계되었지만, 그럼에도 리스크는 존재한다. 스테이블코인을 발행하는 기업이 운영상의 문제를 일으키거나, 부정적인 방법을 사용하거나, 심지어 부도가 발생할 경우 스테이블코인이 1달러의 가치를 유지하지 못하고 급격한 가치 하락을 겪을 수 있다. 즉, 스테이블코인은 100% 달러와 동일한 자산이 아니라, 달러와의 가치 연동을 유지하기 위한 안정적인 시스템을 갖춘 디지털 자산으로 이해해야 한다. 그런 점에서 스테이블코인은 미국 정부가 발행하고 관리하는 달러와는 분명한 차이가 있다.

시장에서는 USDT의 성공을 계기로 다양한 스테이블코인이 등장하고 있으며, 지속적으로 발전하고 있다. 스테이블코인은 크게 담보 기반 스테이블코인과 알고리즘 기반 스테이블코인으로 나뉘는데, 다음과 같다.

담보 기반 스테이블코인으로는 우선 법정화폐 담보형(Fiat-collateralized) 스테이블코인이 있다. 미국 달러나 유로화, 엔화 등 법정화폐나 국채를 담보로 하여 발행된다. 대표적으로 USDT, USDC 등이 있다. 이밖에 암호화폐 담보형(Crypto-collateralized) 스테이블코인도 있는데,

대표적으로 이더리움 등의 암호화폐를 담보로 발행되는 DAI가 있다.

알고리즘 기반 스테이블코인은 법정화폐나 암호화폐를 직접 담보로 하지 않고, 특정 알고리즘을 활용하여 코인의 가격을 유지시키는 코인이다. 경매 및 청산 메커니즘을 통해 시장의 공급량을 조절하여 1달러의 가치를 유지시키는 식이다. 대표적으로 UST, FRAX 등이 있다.

이처럼 스테이블코인은 다양한 형태로 존재하며, 각기 다른 운영 방식과 리스크를 수반한다. 따라서 투자자는 스테이블코인을 통해 거래하고자 할 경우 해당 스테이블코인의 발행 구조, 담보 방식, 운영 리스크 등을 신중히 고려해야 한다.

#	Name	Price	Market Cap	Volume (24H)
4	Tether USDT	$ 1.00	$ 139.53B	$ 148.56B
7	USDC USDC	$ 1.00	$ 54.49B	$ 16.36B
26	Ethena USDe USDe	$ 1.00	$ 6.05B	$ 173.16M
39	Dai DAI	$ 1.00	$ 3.59B	$ 258.23M
56	First Digital USD FDUSD	$ 1.00	$ 1.84B	$ 14.69B
103	USDS USDS	$ 1.00	$ 6.93B	$ 27.74M
112	USD0 USD0	$ 0.992	$ 1.52B	$ 3.68M
121	USDD USDD	$ 0.998	$ 740.94M	$ 9.49M
125	Tether Gold XAUT	$ 2,809	$ 691.25M	$ 18.80M

▲ 스테이블코인 시가총액 순위 / 자료 : 크립토랭크

위 그림은 시가총액에 따른 스테이블코인의 순위를 보여준다. 암호화폐 시장에서는 수많은 스테이블코인이 탄생하고 사라졌다. 2025년 상반기 기준, 주요 스테이블코인으로는 테더의 USDT, 써클(Circle)의 USDC, 에테나(Ethena)의 USDE, 그리고 DAI가 있다. 기본적으로 대부분의 스테이블코인은 이더리움 블록체인에서 운용된다. 다른 레이어1 블록체인에서도 활용할 수 있지만, 기본적으로는 이더리움이 메인 플랫폼이다.

이 중 DAI와 USDE는 암호화폐를 담보로 발행되는 스테이블코인이다. 특히 DAI는 가장 오래된 암호화폐 담보형 스테이블코인으로, ETH(이더리움) 등의 암호화폐를 담보로 맡기면 일정 비율에 따라 DAI가 발행된다. 이 과정에서 경매 시스템을 통해 담보물과 DAI의 안정성이 유지된다. 2024년 이후 DAI는 담보물을 더욱 다양화하여 기존의 암호화폐뿐만 아니라 국채, 달러 등 전통 금융자산까지 포함하는 방식으로 발전했다. 이러한 변화는 스테이블코인의 안정성을 높이고, 더욱 폭넓은 활용이 가능하게 만들었다.

USDE는 2024년 2월 출시된 스테이블코인으로, 같은 암호화폐 담보형 스테이블코인인 DAI와는 차별점을 갖는다. USDE는 100% 암호화폐를 담보로 하며, 담보물을 활용해 시장에서 현물 및 공매도 포지션을 취함으로써 USDE의 가치를 1달러로 유지하는 방식으로 발행된다. DAI의 경우 담보 대비 대출 규모가 상대적으로 작지만, USDE는 담보와 1:1 비율로 스테이블코인을 발행한다. 또한 해당 담보물을 거래 시장에서 적극적으로 운용하여 추가적인 수익을 창출함과 동시에 USDE의 1달러 고정 가치를 유지하는 데 활용한다. 이는 기존의 암호화폐 담보형 스테이블코인과 유사하지만, 2024년 이후 변화된 시장 환경을 반영한 혁신적인 구조를 갖춘 스테이블코인 서비스라 할 수 있다.

2025년 1월 기준 USDE의 시가총액은 DAI를 넘어섰으며, 시장에서 가장 안정적인 스테이블코인으로 인정받는 USDT, USDC에 이어 세 번째로 높은 순위에 올랐다. 앞으로도 이러한 새로운 형태의 스테이블코인 시스템이 계속 등장할 것으로 예상되므로, 투자자들은 다양한 스테이블코인의 구조를 신중히 분석하고 검토해두어야 한다.

스테이블코인 시장을 더 자세히 살펴보면 금과 같은 가격을 유지하는 Tether Gold(XAUT) 코인이 있다. 금을 담보로 하는 스테이블코인이다. 우리가 현실에서 금에 투자하려 하는 경우 일반적인 투자 외에 레버리지 등을 활용할 수 있는 방법이 사실상 없다. 그런데 금을 담보로 하는 스테이블코인인 XAUT에 투자하면 안정적인 금에 투자하면서 레버리지를 사용할 방법이 열리게 된다.

거기에 디파이를 활용하여 추가적인 수익을 올릴 수도 있다. 금 스테이블코인을 담보로 하여 달러 스테이블코인이나 비트코인 등을 대출하여 추가로 활용할 수 있는 방법도 있다. 전통적인 금융 시장에서는 금에 투자하여 단순히 금 가격의 변동성만으로 수익을 올릴 수 있었다면, 암호화폐 시장에서는 같은 자산에 투자하면서도 수익 경로를 다양하게 확장시킬 수 있는 것이다.

앞으로 금뿐만 아니라 다양한 자산에 대한 스테이블코인 발행이 이뤄질 것이다. 지금도 온갖 스테이블코인이 지속해서 시장에 출현하고 있다. 아직은 시장이 성숙해지지 못했지만 시간이 흐르면서 성숙해지면, 금융의 중심은 전통적인 금융 시장에서 블록체인 기반의 암호화폐 및 디파이 시장으로 옮겨갈 것이다.

현재 스테이블코인은 실물 달러 대비 리스크는 조금 있지만, 수익을 올릴 수 있다는 점에서 매우 안정적인 투자처로 기능하고 있다. 국내 거래소가 아닌 해외 거래소에서는 스테이블코인을 그냥 가지고만 있어도 5% 이상의 예치 이자를 준다. 때문에 투자 자금 중 일부를 현금 상태로 보관하고자 한다면, 해외 거래소에 스테이블코인으로 보관하는 것도 주요한 전략이 된다.

6-3 트렌드를 가치화한 밈코인

일반적으로 밈코인을 단순한 유희적 성격의 코인으로 간주하여, 투자 대상이 아니라 인식하는 경우가 많다. 그러나 실제 데이터를 살펴보면 이러한 통념이 반드시 맞는 것은 아님을 알 수 있다.

다음 그림을 보면 시가총액 기준으로 통화 및 결제(Currency) 관련 카테고리가 1위를 차지하고 있으며, 레이어1(Chain) 카테고리가 2위, 스테이블코인(Stablecoin)이 3위를 기록하고 있다.

주목할 점은 그다음으로 높은 시가총액을 가진 카테고리가 바로 밈코인(Meme)이라는 것이다. 밈코인은 디파이 코인(DeFi), 중앙화 거래소 코인(Cefi), 인프라(Blockchain Infrastructure) 등 주요 투자 카테고리보다 높은 순위를 차지하고 있다.

#	Name	Market Cap	Volume (24H)	Avg. Chg (YTD)	Dominance
1	Currency	$ 2.16T	$ 44.66B -16.6%	+7.29%	63.94 %
2	Chain	$ 738.96B	$ 52.14B -27.4%	-10.4%	21.84 %
3	Stablecoin	$ 223.18B	$ 122.23B -18.9%	+0.25%	6.6 %
4	Meme	$ 79.30B	$ 16.51B -20.4%	-13.1%	2.34 %
5	DeFi	$ 47.57B	$ 8.66B +4.96%	-7.44%	1.41 %
6	CeFi	$ 35.42B	$ 991.77M -21.9%	+10.1%	1.05 %
7	Blockchain Infrastructure	$ 35.39B	$ 4.26B -18.1%	+18.1%	1.05 %
8	Blockchain Service	$ 21.14B	$ 2.88B -11.4%	-13%	0.62 %
9	GameFi	$ 11.21B	$ 2.12B -13.7%	-33.2%	0.33 %
10	NFT	$ 3.36B	$ 464.67M -23%	-35.1%	0.1 %
11	Social	$ 3.11B	$ 493.18M -17.5%	-8.69%	0.09 %

▲ 코인 카테고리별 시가총액 순위 / 자료 : 크립토랭크

 2025년 2월 기준 밈코인의 전체 시가총액은 약 793억 달러에 달하며, 이는 디파이 시장의 시가총액인 475억 달러를 크게 상회하는 수준이다. 기술적 난이도 측면에서 디파이 시장은 훨씬 복잡하고 높은 수준의 기술력을 요구하지만, 투자자들은 어려운 기술보다는 트렌드를 주도하고 높은 변동성을 보이는 밈코인 시장을 더욱 선호하고 있다.

 사실 밈코인은 이제 단순히 재미로 접근할 대상이 아니라 데이터를 기반으로 한 체계적이고 전문적인 투자 영역으로 자리 잡고 있다. 밈코인에 대체 어떤 체계와 전문성이 있는지 의문이 들 수 있겠지만 정말로 그런 기미를 보이고 있는 것이 현실이다. 그렇기에 당신 또한 밈코인에 대한 전문적 접근을 기반으로 투자를 수행하면 암

호화폐 시장에서 충분히 우수한 성과를 거둘 수 있다. 다만 이러한 시장에서 성공하기 위해서는 충분한 정보와 전략이 필수적이며, 부족한 정보로 투자할 경우 빠르게 도태될 위험이 크다는 점을 유념해야 한다.

#	Name	Price	Market Cap	Volume (24H)
8	Dogecoin DOGE	$ 0.269	$ 41.06B	$ 4.55B
19	SHIBA INU SHIB	$ 0.0000156	$ 9.51B	$ 561.19M
30	Pepe PEPE	$ 0.0000101	$ 4.42B	$ 1.56B
36	OFFICIAL TRUMP TRUMP	$ 18.11	$ 3.75B	$ 2.49B
67	Bonk BONK	$ 0.0000185	$ 1.48B	$ 269.97M
84	FLOKI FLOKI	$ 0.0000972	$ 977.07M	$ 238.60M
94	dogwifhat WIF	$ 0.795	$ 834.72M	$ 737.59M
99	SPX6900 SPX	$ 0.820	$ 788.12M	$ 74.05M
117	Fartcoin Fartcoin	$ 0.725	$ 747.42M	$ 460.14M

▲ 밈코인 시가총액별 순위 / 자료 : 크립토랭크

시가총액 상위에 있는 주요 밈코인부터 살펴보자. 도지코인 (Dogecoin)은 비트코인을 카피한, 라이트코인에서 하드포크하여 빠져나온 코인이기에 전용 채굴기가 필요하다. 가장 오랜 역사를 가진 밈코인이자 가장 탈중앙화된 밈코인으로 평가되는 도지코인은 시장에서 검증받아온 기간만큼 많은 투자자들에게 꾸준한 사랑을 받고 있다. 특히 일론 머스크가 자신의 SNS에서 도지코인을 추천하여 대중의 관심을 크게 끌었으며, 이러한 영향력 덕분에 도지코인은 현재까지도 밈코인 시장에서 시가총액 1위를 유지하고 있다.

시바이누(Shiba Inu)와 페페코인(Pepe)이 도지코인의 뒤를 잇고 있다. 두 코인 모두 이더리움 기반의 밈코인 프로젝트다. 두 코인이 출시된 시점부터 본격적으로 다양한 동물을 테마로 한 밈코인들이 출시되기 시작했다. 시바이누는 단순한 밈코인을 넘어 자체 생태계를 구축하고 있기도 한데, 시바이누 안에 탈중앙화 거래소가 존재하여 시바이누 토큰을 스테이킹하는 등 다양한 디파이 활용이 가능하다.

그외에도 트럼프 코인(Official Trump), 봉크(Bonk), 플로키(Floki), 도그위프햇(Dogwifhat) 등의 밈코인이 순위에 올라있다. 특히 트럼프 코인, 봉크, 도그위프햇은 솔라나 체인 기반의 밈코인으로 주목받고 있다. 비트코인 네트워크에서는 밈코인을 발행하는 것이 기술적으로 어렵다. 이더리움 네트워크에서는 상대적으로 용이하지만 높은 거래 수수료(가스비)로 인해 소액 투자자를 유치하기가 쉽지 않다. 반면 솔라나는 밈코인을 간편하게 발행할 수 있는 다양한 서비스를 제공하며, 발행부터 유통·구매까지 빠르고 저렴하게 진행할 수 있다. 이러한 이유로 2024년 이후 솔라나 생태계는 급격히 성장했으며, 그 중심에는 솔라나 밈코인들이 있었다.

2024년 솔라나 생태계에서 시작된 밈코인 트렌드는 점차 다른 레이어1 블록체인 생태계로 확산되었다. 이제는 시장에서 트렌드를 주도하는 레이어1 프로젝트들마다, 해당 레이어1의 대표 밈코인이 있을 정도다. 이러한 움직임들은 밈코인 시장에 체계와 전문성이 어떻게 발현될지를 엿볼 수 있게 해준다.

　암호화폐 시장에서는 커뮤니티의 역할이 매우 중요하다. 대부분의 정보가 인터넷 커뮤니티를 통해 공유되며, 코인 관련 뉴스, 인플루언서의 코인 분석, 새로운 기술 및 트렌드를 주도하는 프로젝트팀의 소식 또한 이러한 커뮤니티를 통해 빠르게 확산된다. 이러한 커뮤니티 중심의 암호화폐 생태계에서 밈코인은 매우 중요한 역할을 한다. 밈코인은 단순한 투자 자산을 넘어, 특정 커뮤니티의 상징성을 갖고 커뮤니티 결속력을 강화하는 기능을 한다. 커뮤니티 내부에서는 대표 밈코인의 가치 상승과 발전을 위한 다양한 활동이 이루어지기도 한다. 또한 특정 밈코인을 보유한 사용자들에게 에어드랍이 제공되기도 하는데, 이는 커뮤니티 참여를 더욱 활성화시키는 역할을 한다.

　또한 밈코인은 높은 변동성을 특징으로 하기에 단기간에 높은 투자 수익을 제공할 가능성이 크다. 이로 인해 암호화폐 시장을 보다 쉽게 대중화하는 데 기여하고 있다. 위와 같은 특징에 비춰볼 때 밈코인은 빠르게 변화하는 시장 환경에 최적화된 자산으로, 트렌드 자체를 가치화한 코인이라고 볼 수 있다. 대중적 인지도, 유희 등 인간 사회의 정신적 가치가 투자 대상이 되어 시장을 형성하고 있는 것이다. 앞으로 시장이 더더욱 체계화되는 과정에서 밈코인 투자는 더 큰 주목을 받을 가능성이 높다.

　그리고 이는 밈코인 투자를 만만히 봐선 안 될 이유가 되기도 한다. 밈코인은 트렌드의 흐름을 그대로 반영하는 특성을 갖고 있기 때문에, 성공적인 투자를 위해서는 시장의 트렌드를 정확하게 읽는 것이 필수적이다. 초기 단계에서 적절한 밈코인을 선택해 투자하면 큰 수익을 기대할 수 있지만, 계속해서 수많은 밈코인이 새롭게 출시되고 있어 신뢰할 수 있는 프로젝트를 선별하는 것이 쉽지 않다.

또한 밈코인은 투자 접근성이 높아 상대적으로 진입 장벽이 낮다. 하지만 이를 악용하여 스캠(사기) 코인이나 초보 투자자의 욕심을 노리는 단기적 이익 추구 프로젝트도 상당수 존재한다. 따라서 밈코인 투자에는 신중한 접근이 필수적이다. 만약 개별 프로젝트를 분석할 자신이 없다면, 이미 시가총액 상위권에 있는 검증된 밈코인에 분산 투자하는 전략도 고려할 만하다.

밈코인은 커뮤니티 결속력 강화, 시장 대중화, 트렌드 반영, 높은 투자 수익 가능성 등의 이유로 지속적인 관심을 받고 있으며 앞으로도 중요한 투자 자산으로 자리 잡을 가능성이 크다. 그러나 높은 변동성과 투자 위험이 존재하므로 신중한 분석과 전략적 접근이 필수적이다. 시장의 흐름을 정확히 파악하고, 리스크를 관리하는 투자 전략을 펼쳐야 밈코인 시장에서 성공적인 결과를 얻을 수 있다.

금융 혁신을 이끄는 디파이

디파이는 Decentralized Finance의 약자로, 탈중앙화된 금융을 의미한다. 디파이는 블록체인 기술을 활용하여 기존의 중앙화된 금융 시스템을 대체하는, 더 나아가 기존에는 불가능했던 금융 산업의 혁신을 이끄는 것을 목표로 한다.

디파이 시장은 암호화폐 산업에서 가장 주목받는 분야 중 하나다. 전통 금융시장의 다양한 상품을 구현할 수 있으면서도, 블록체인 기술을 활용하여 운영 및 유지 관리 비용을 획기적으로 절감할 수 있다는 점에서 전망이 밝기 때문이다. 현재는 초기 단계에 있어 다양한 리스크에 노출되어 있지만, 장기적으로는 전통 금융시장을 혁신할 새로운 금융 패러다임을 불러올 것으로 기대된다.

디파이 시장에서는 전통 금융에서 사용되던 개념과 용어가 일부 적용되지만, 블록체인과 암호화폐 환경에서만 활용할 수 있는 새로운 개념 또한 다수 존재한다. 이에 따라 기존 금융시장에 익숙한 사람이라도 디파이에 대한 학습이 필요할 수 있다.

디파이는 이더리움의 스마트컨트랙트 기능을 기반으로 시작되었다. 스마트컨트랙트는 사전에 정의된 프로그램에 따라 자동으로 실행되는 계약을 의미하며, 기존 중앙화된 시스템에서 관리되는 프로그램과 달리 불특정 다수의 채굴자(검증인)가 분산적으로 운영하여 24시간 중단 없이 작동한다. 이러한 특성 덕분에 디파이는 중앙기관의 직접적인 개입 없이 자유롭고 공정하게 운영될 수 있다.

예를 들어 디파이 금융 서비스를 개발하려는 개발자는 스마트컨트랙트를 활용해 자동화된 예금 및 대출 서비스를 구축할 수 있다. 개발된 서비스의 소스코드를 모두 공개한 후, 이를 이더리움 블록체인에 배포하면 프로그램 형태로 누구나 해당 서비스를 이용할 수 있다. 또한 이 프로그램에서 수행되는 모든 내역은 블록체인에 기록되며, 한번 배포된 후에는 수정이나 변경이 불가능하다. 프로그램의 개발자라 하더라도 무엇 하나 마음대로 바꿀 수 없는 것이다.

이처럼 디파이 프로그램은 블록체인상에서 관리되며, 그 블록체인의 유지 주체는 이더리움 채굴자(검증인)다. 프로그램의 소스코드는 100% 공개되어있기 때문에 누구든지 프로그램의 내부 구조를 확인하고 문제점을 찾아낼 수 있다. 혹여나 문제점이 있어 프로그램을 수정할 필요가 있을 경우엔 해당 부분을 수정한 새로운 디파이 프로그램을 배포해야 한다. 새 프로그램에 기존 거래 데이터를 덧씌워 사용자 입장에서는 동일한 계좌 상태가 유지되더라도 블록체인

상에선 전혀 다른 프로그램이 작동하고 있는 것이다.

전통 금융시장의 서비스는 제한된 일부 사용자에게만 제공되며, 금융 서비스의 소스코드는 외부에 공개되지 않는다. 해당 서비스를 개발한 특정 기업만이 그 내부 구조를 파악하고 있으며, 거래 내역과 운영 방식 또한 일반 사용자에게 공개되지 않는다. 반면 블록체인 기반 금융 서비스는 모든 소스코드, 거래 내역, 운영 방식이 투명하게 공개되며, 누구나 동일한 정보를 확인할 수 있다. 이러한 특성 덕분에 보다 투명한 금융 시스템 구현이 가능해진다. 이처럼 블록체인의 투명성이 가장 잘 활용되는 분야가 바로 디파이 시장이다.

▲ 전체 디파이 시장 TVL / 자료 : 디파이라마

위 그림은 디파이라마 사이트에서 제공하는 TVL(Total Value Locked, 총 예치 자산 규모) 지표를 보여준다. TVL은 디파이 시장에 예치된 전체 자산의 가치를 나타내는 지표로, 2025년 2월 기준 전체 디파이 시장의 TVL은 1,061억 달러에 달한다. 이는 비트코인, 이더리움, USDT, USDC 등의 주요 코인이 디파이 서비스에 예치된 금액을 의미하는데, 전통 금융 시스템에서 은행의 예금 보유량과 유사한 개념으로 볼 수 있다. 실제 금액을 예치한 주체도 시장에서 다양한 디파이 서비스를 이용하는 개인 및 기관 투자자다.

Name	Category	TVL	1m Change
1 Lido (5 chains)	Liquid Staking	$25.638b	-26.42%
2 AAVE (13 chains)	Lending	$19.565b	-9.60%
3 EigenLayer (1 chain)	Restaking	$11.916b	-25.03%
4 ether.fi (2 chains)		$6.91b	-21.50%
5 Ethena (1 chain)		$6.132b	+3.61%
6 Babylon (1 chain)	Restaking	$5.6b	+0.49%
7 Binance staked ETH (2 chains)	Liquid Staking	$5.479b	-18.82%
8 Maker (1 chain)		$5.208b	-7.90%
9 Pendle (7 chains)	Yield	$5.186b	+11.02%
10 Uniswap (30 chains)	Dexs	$5.083b	-19.28%

▲ TVL에 따른 디파이 서비스 순위 / 자료 : 디파이라마

위 그림은 TVL 순위에 따라 각 디파이 서비스들을 나열한 것이다. 디파이 시장에는 다양한 탈중앙화 금융 서비스가 존재한다. 대표적으로 탈중앙화 거래소, 탈중앙화 예금·대출 서비스, 스테이킹 서비스, 유동성 재스테이킹 서비스 등이 있다.

현재 디파이 시장에서 가장 높은 TVL을 기록하고 있는 서비스는 리도(Lido)다. 리도는 일반 사용자가 보다 쉽게 이더리움을 스테이킹할 수 있도록 지원하는 서비스다. 2위는 에이브(AAVE)로 예금

및 대출 서비스다. 사용자는 예치한 자산에 대한 이자를 받을 수 있으며, 예치된 자산을 담보로 일정 비율 내에서 대출도 가능하다. 3위는 아이겐레이어(EigenLayer)다. 2024년부터 이더리움 스테이킹을 하고 받은, 유동화된 이더리움에 대한 재스테이킹 시장이 활성화되면서 급부상한 프로젝트다. 기본적으로 이더리움을 스테이킹하면 일정 이자가 발생하는데, 그렇게 받은 유동화된 이더리움까지 재스테이킹하면 보다 많은 수익을 창출할 수 있다.

한편 TVL 6위에 위치한 바빌론(Babylon)은 2025년 이후 빠르게 성장하고 있는 프로젝트로, 비트코인을 스테이킹하는 등 새로운 개념을 도입한 디파이다. 이는 기존 이더리움 중심의 스테이킹 모델을 비트코인까지 확장하는 시도로, 시장에서 큰 주목을 받고 있다. 2025년 2월 기준 바빌론은 아직 자체 토큰을 출시하지 않았음에도 불구하고 56억 달러 규모의 비트코인이 예치되어 있다. 이는 비트코인 기반 디파이 시장이 향후 크게 성장할 것이라는 기대감을 반영하는 중요한 지표로 볼 수 있다.

디파이 시장은 여전히 초기 단계에 있으며, 새롭고 혁신적인 서비스가 지속적으로 등장하고 있다. 또한 금융 상품을 통해 형성된 대규모 자본이 활발하게 돌고 있다. 이는 다른 투자 카테고리들과 다른, 디파이만의 특징이기도 하다.

보다 복잡한 코드로 작동하는 디파이는 그만큼 해킹의 위험이나 치명적인 버그가 존재할 가능성이 다른 카테고리 코인에 비해 높다. 디파이에서 가장 빈번하게 발생하는 보안 위협 중 하나는 재진입 공격(Reentrancy Attack)으로, 스마트컨트랙트 코드의 허점을 노려 자금을 탈취하는 것이다. 일반적인 디파이 서비스들은 한 달에 1~2회 정도 이러한 공격을 받는다.

TVL 상위권에 위치한 디파이 서비스들은 비교적 보안이 안정적인 편이지만, 순위가 낮거나 새롭게 출시된 디파이 서비스는 보안이 취약할 가능성이 크다. 따라서 디파이 서비스를 선택할 때는 보안성이 충분히 검증된 프로젝트인지를 신중하게 검토해야 한다.

물론 최악의 경우 상위권 서비스에서도, 예측하지 못한 보안 취약점이 존재해 공격을 받을 가능성이 있다. 그렇기에 가장 안전한 방법은 자산을 가능한 분산해 운용하는 것이다. 그럼에도 불구하고 디파이는 단순 매수 및 보유 외에 추가적인 수익을 내고 싶은 투자자들에게 매우 유용한 선택지라 할 수 있다.

6-5 기술력 중심의 블록체인 인프라·서비스

블록체인 인프라와 블록체인 서비스 카테고리 코인들에 대해 알아보자. 우선 블록체인 인프라는 블록체인 서비스의 운영과 확장을 보조하는 기술을 구현하는 프로젝트들을 의미하는데, 데이터 제공, 저장, 보안, 네트워크 운영 등 다양한 솔루션을 포함한다.

다음 그림은 블록체인 인프라 카테고리에 속한 코인들을 시가총액 순위대로 나열한 것이다. 1위 체인링크(Chainlink)는 오라클(Oracle) 솔루션을 제공하는 블록체인 인프라로 오랜 기간 시장에서 운영되어 왔다. 오라클 솔루션이란 블록체인의 데이터와 외부 세계의 데이터를 안전하게 연결해주는 역할을 한다. 기본적으로 블록체인상의 데이터는 무결성을 유지한다고 간주되지만, 현실 세계의 데이터를 블록체인에 기록하기 위해서는 엄격한 검증 과정이 필요하다. 체인

링크는 이러한 과정을 진행하기 위해 설계된 솔루션이다.

#	Name	Price	Market Cap	Volume (24H)	Circ. Supply
12	ChainLink LINK	$ 20.08	$ 12.85B	$ 676.91M	LINK 638.10M
51	Filecoin FIL	$ 3.33	$ 2.09B	$ 179.58M	FIL 627.77M
53	Artificial Superin... FET	$ 0.788	$ 2.06B	$ 169.24M	FET 2.61B
73	The Graph GRT	$ 0.141	$ 1.35B	$ 59.39M	GRT 9.55B
74	Quant QNT	$ 91.42	$ 1.33B	$ 33.12M	QNT 14.54M
81	Onyxcoin XCN	$ 0.0306	$ 1.00B	$ 214.36M	XCN 32.60B
84	Virtuals Protocol VIRTUAL	$ 1.46	$ 951.02M	$ 153.15M	VIRTUAL 645.87M
100	Pyth Network PYTH	$ 0.206	$ 746.74M	$ 64.75M	PYTH 3.62B

▲ 블록체인 인프라 시가총액 순위 / 자료 : 크립토랭크

대표적인 활용 사례로는 코인 가격 데이터의 조율이 있다. 오라클 솔루션은 중앙화 거래소와 탈중앙화 거래소 간의 가격 차이를 확인하여 정확한 데이터를 제공한다. 탈중앙화 거래소는 규모가 작거나 거래량이 적을 경우, 실제 중앙화 거래소에 형성된 가격과 큰 차이를 보일 수 있다. 이때 오라클 솔루션이 개입하여 가격 데이터를 보다 정확하게 조율함으로써 시장의 효율성을 높인다.

다음으로 시가총액이 높은 프로젝트는 파일코인(Filecoin)이다. 파일코인은 탈중앙화 파일 스토리지 시스템을 구축하는 프로젝트로, 사용자가 자신의 여유 저장 공간을 공유하고 필요한 사람들이 이를 이용하면, 인센티브로 토큰을 받는 구조를 갖고 있다. 즉, 저장 공간을 제공하는 것이 곧 채굴이 되는 시스템이다. 기존 중앙화된 클라

우드 스토리지 서비스와 달리, 파일코인은 분산형 네트워크를 활용해 보다 안전하고 탈중앙화된 데이터 저장 솔루션을 제공한다.

FET, 더그래프(The Graph), 퀀트(Quant) 등은 인공지능을 활용한 블록체인 프로젝트로, 최근 시장에서 큰 주목을 받고 있다. 현재 블록체인 업계에서 가장 인기 있는 트렌드 중 하나는 인공지능이며 그 활용 범위는 매우 넓다.

블록체인과 인공지능은 다양한 방식으로 결합될 수 있다. 인공지능은 기본적으로 데이터를 기반으로 한 연산능력을 핵심으로 하기에, 여기에 블록체인 기술을 접목할 수 있다. 예를 들어 블록체인의 거래 데이터를 인공지능 분석에 활용하거나, 컴퓨팅 리소스를 대여해 인공지능 모델의 연산을 수행하는 방식이 있다. 이러한 프로젝트들은 데이터 연산을 보조하는 특성을 가지므로 블록체인 인프라 영역에 속한다고 볼 수 있다.

시가총액 84위에 위치한 버추얼프로토콜(Virtuals Protocol)은 2024년 하반기부터 시장에서 주목받기 시작한 프로젝트다. 이는 레이어 2 체인인 베이스(Base)를 기반으로 한 프로젝트로, 인공지능 에이전트를 블록체인과 결합해 다양한 형태로 활용할 수 있도록 지원한다. 버추얼프로토콜의 인기도 커지겠지만, 향후 유사한 서비스들이 지속적으로 등장할 것으로 기대된다.

시가총액 100위의 피스네트워크(Pyth Network)는 체인링크와 유사한 오라클 솔루션으로, 오라클 프로젝트 중 시가총액 기준 2위에 해당한다. 피스네트워크는 솔라나 생태계에서 시작된 프로젝트로, 현재는 다양한 블록체인 인프라 및 레이어1 네트워크와 연계하여 서비스를 확장하고 있다.

블록체인 인프라 프로젝트는 높은 기술적 난이도와 상당한 자금력이 요구되는 분야다. 따라서 단기적인 시장 흐름에 영향을 받기보다는 장기적인 관점에서 프로젝트의 기술력과 성장 가능성을 분석하는 것이 중요하다.

블록체인 서비스는 블록체인 기술을 활용해 사용자 차원의 서비스를 제공하는 프로젝트들을 가리킨다. 블록체인 네트워크의 기반을 마련하거나 프로젝트 팀을 보조하는 서비스가 아닌, 실제 개개인이 일상에서 쓸 수 있는 서비스를 제공한다는 점에서 블록체인 인프라 카테고리와 구분된다.

#	Name	Price	Market Cap	Volume (24H)	Circ. Supply
50	Render RENDER	$ 4.61	$ 2.38B	$ 148.25M	RENDER 517.72M
78	Jasmy JASMY	$ 0.0238	$ 1.15B	$ 98.34M	JASMY 48.42B
88	Ethereum Name ... ENS	$ 26.69	$ 884.19M	$ 87.60M	ENS 33.17M
89	BitTorrent (new) BTT	$ 0.00...089	$ 877.66M	$ 14.36M	BTT 986.06T

▲ 블록체인 서비스 시가총액 순위 / 자료 : 크립토랭크

위 그림은 블록체인 서비스 프로젝트들을 시가총액 순위에 따라 나열한 것이다. 순서대로 보면 렌더(Render), 자스미(Jasmy), ENS(Ethereum Name Service), 비트토렌트(Bit Torrent)가 있다. 렌더는 AI 관련 블록체인 서비스 프로젝트고 자스미는 IoT(Internet of Things, 사물

인터넷) 관련 프로젝트다. 이더리움네임서비스(ENS)는 길고 복잡한 이더리움 네트워크의 계좌 주소를 이름으로 쉽게 매칭해주는 서비스다. 마지막 비트토렌트는 P2P(Pier to Pier) 파일 공유 서비스인 토렌트에 블록체인 기술을 접목해 보상 체계를 구축한 프로젝트다.

인공지능의 경우 블록체인 인프라 영역과 블록체인 서비스 영역에 겹치는 프로젝트들이 있는 게 사실이다. 2024년 이후 인공지능이 암호화폐 시장의 핵심 트렌드로 자리 잡으면서 블록체인 인프라와 블록체인 서비스 양 분야에 걸쳐 AI 관련 프로젝트들이 대거 등장했다. 블록체인과 인공지능 분야는 여러 측면에서 연결될 수 있으며, 이에 따라 향후 블록체인 인프라 및 블록체인 서비스 영역 전체의 시가총액이 지속적으로 증가할 것으로 전망된다. 전통적인 IT 기업들도 인공지능 서비스를 출시하면서 이를 블록체인과 연계할 가능성이 있다.

그러나 블록체인 및 인공지능 관련 서비스는 높은 기술적 전문성을 요구하기에, 아무리 전망이 좋고 인기가 많은 프로젝트더라도 기술력이 부족해 무너지는 일이 잦다. 투자자 입장에서는 투자한 프로젝트 팀의 역량을 판가름하기 위해 전문용어와 기술 개념에 대한 숙지가 필수적이다.

기술 용어에 대한 이해가 어려운 경우 챗GPT와 같은 인공지능 도구를 활용하면 보다 쉽게 개념을 익힐 수 있다. 모르는 용어나 개념이 있을 때는 AI 도구를 적극적으로 활용하여 학습한 후 투자 결정을 내리는 것이 바람직하다. 또한 단순한 개념 이해를 넘어, 해당 프로젝트가 실제 기술력을 보유하고 있는지 여부를 철저히 검증하는 과정도 반드시 필요하다.

    인공지능 및 블록체인 인프라 관련 프로젝트에 투자할 때 핵심은 해당 프로젝트 팀에 실제 기술력이 존재하는지, 아니면 단순히 트렌드를 이용한 마케팅 전략에 불과한지를 면밀히 검토하는 것이다. 이를 판단하기 위해서는 프로젝트 팀의 규모와 보유 자금을 확인하는 방법이 있다. 또한 핵심 팀원들의 과거 이력을 살펴봄으로써 해당 프로젝트가 관련 업계에서 충분한 경험과 전문성을 보유하고 있는지를 평가할 수 있다. 프로젝트 팀의 정보 확인 방법에 대해서는 다음 장에서 보다 구체적으로 다루도록 하겠다.

Chapter

실전! 알트코인 종목 선별

7

투자할 생태계를
선정하는 방법

지금까지 알트코인 시장에서 필수적으로 익혀야 할 기본 개념을 학습하였다. 이번 장에서는 실전 투자 시 알트코인 종목을 선정하는 방법과 투자에 필요한 자료를 활용하는 구체적인 전략에 대해서 다룰 것이다.

알트코인 실전 투자에서 가장 먼저 고려할 요소는 레이어1 생태계 선정이다. 생태계 고려 없이 개별 종목들을 선택하는 투자 방식도 있지만, 그러면 특정 테마에 치우친 투자를 하게 될 가능성이 크고 시장의 트렌드에 따라 투자 결과가 급격하게 변화할 수 있다. 또한 그러한 방식의 투자는 암호화폐 시장 전반에 대한 이해를 확장시켜 나가기에 바람직하지 않다.

따라서 보다 깊이 있는 투자를 하기 위해서는 특정 생태계를 공략하는 전략을 구사할 필요가 있다.

알트코인 생태계는 크게 레이어1 생태계와 레이어2 생태계로 나뉜다. 레이어2 생태계는 주로 이더리움 기반의 확장 솔루션으로 이뤄져 있기에, 레이어2 생태계를 선택할 경우 일부 프로젝트는 이더리움 생태계와 중복될 수도 있다.

투자자는 이처럼 레이어1과 레이어2의 구조에 대한 기본적인 이해를 바탕으로 주요 생태계를 선정하고, 그 생태계 내에서 다양한 투자 기회를 발견할 방안을 마련해야 한다.

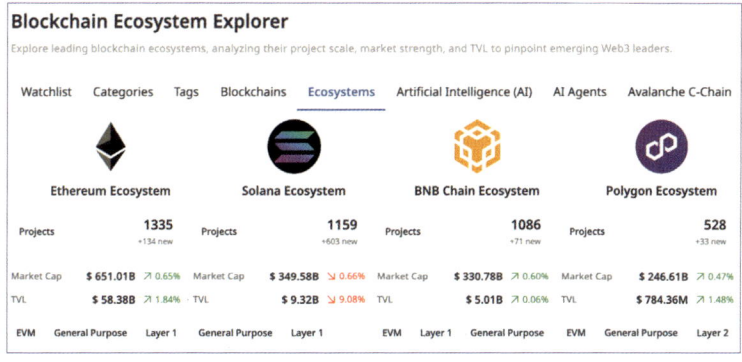

▲ 코인 생태계 순위 / 자료 : 크립토랭크

크립토랭크 홈페이지의 Ecosystems(생태계) 메뉴에는 다양한 블록체인 생태계가 정리되어 있다. 위 그림에는 이더리움, 솔라나, BNB 체인, 폴리곤 등의 생태계가 최상위에 나열되어 있다. 각 생태계의 프로젝트 수와 시장 지표를 확인해 보자.

첫 번째 이더리움 생태계에는 총 1,335개의 프로젝트가 포함되어 있으며, 그중 134개가 신규 프로젝트다. 이더리움 생태계 시가총액(Market Cap)은 6,510억 달러, TVL은 583억 달러에 달한다.

솔라나의 경우 1,159개의 프로젝트가 있으며, 그중 603개가 신규 프로젝트로 분류된다. 솔라나 생태계 시가총액은 3,495억 달러, TVL은 93억 달러로, 이더리움보다는 낮지만 BNB 생태계보다 다소 크다.

BNB 생태계는 총 1,086개의 프로젝트를 보유하고 있으며, 신규 프로젝트는 71개이다. 시가총액은 3,307억 달러, TVL은 50억 달러 수준이다.

폴리곤의 경우 프로젝트 수는 528개, 신규 프로젝트는 33개, 시가총액은 2,466억 달러다. TVL은 7억 달러로 상대적으로 규모가 작다.

네 개의 생태계를 비교해 보면, 이더리움 생태계가 시가총액과 TVL 면에서 가장 크다. 그렇기에 이더리움 생태계는 가장 보수적으로 접근할 수 있는 투자 대상이다.

반면 솔라나는 신규 프로젝트 수가 603개로 가장 많아, 활발한 개발과 생태계 확장이 이루어지고 있음을 시사한다. 신규 프로젝트가 많다는 것은 생태계가 지속적으로 성장하고 있다는 신호이기에, 적극적인 투자자들에게 적합한 선택지가 될 수 있다.

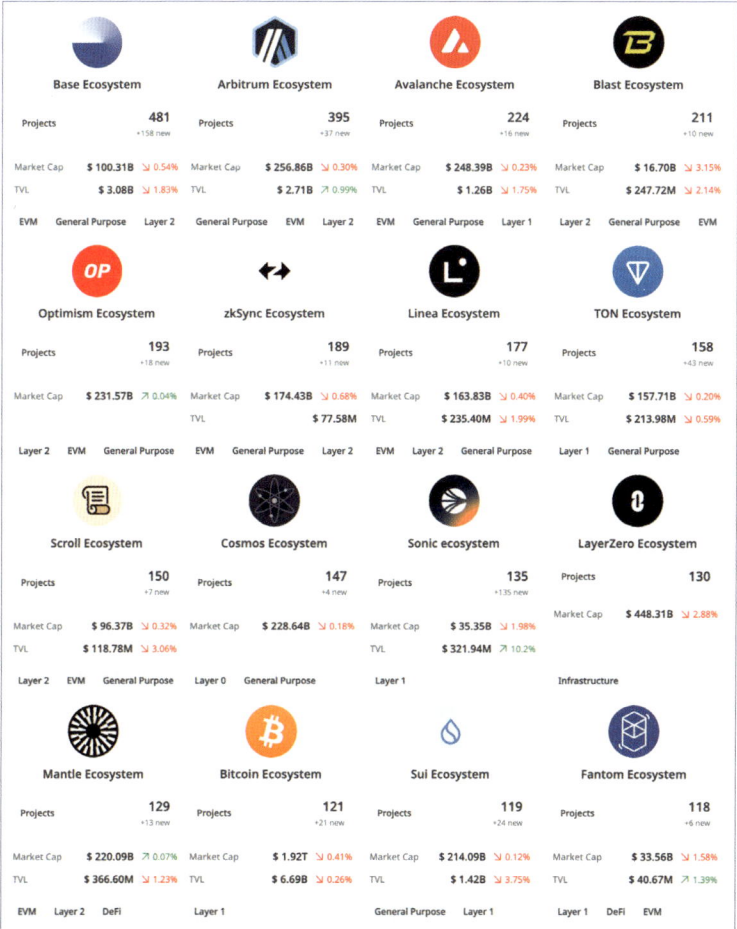

▲ 코인 생태계 / 자료 : 크립토랭크

그밖에 다양한 생태계를 비교하며 살펴보자. 위 그림을 보면 생태계별로 박스 하단에 해당 생태계의 키워드 태그가 있다. 내용을 살펴보면 EVM, Layer1, Layer2, Layer0, Infrastructure, DeFi, General Purpose(범용 블록체인) 등이다.

베이스 생태계는 레이어2이면서 EVM인 범용 블록체인으로 분류되어 있다. 대부분의 생태계가 EVM 호환이나, 일부 생태계는 EVM 호환이 아니다. 위 그림에서는 비트코인, 톤, 코스모스, 소닉, 수이 등이 EVM이 아닌 생태계다. 독특하게 코스모스 생태계는 레이어0로 분류되었는데, 다양한 레이어1을 구축할 수 있는 프레임워크를 제공하기 때문이다.

알트코인 투자 시 생태계를 분석할 때는 기본적으로 해당 블록체인이 레이어1인지 레이어2인지, 그리고 EVM 호환이 되는지 여부를 구별하는 것이 중요하다. 이를 바탕으로 해당 생태계의 기술적 특성과 확장성을 이해할 수 있으며, 투자 전략을 보다 정교하게 수립할 수 있다.

만약 어떤 레이어1 생태계를 선택했다면, 그 생태계와 기타 레이어1 생태계와의 차별성이 무엇인지를 분석해야 하며, 그 생태계가 디파이 중심인지, NFT 및 게임파이(GameFi) 중심인지 등의 특성을 파악하는 것이 필요하다.

하나의 생태계를 선택한 후에는 해당 생태계를 우선적으로 공략하는 것이 바람직하다. 이후 필요에 따라 다음 생태계로 확장하거나, 선택한 생태계와 연관된 생태계를 병행하여 공략하는 전략을 사용할 수 있다. 예를 들어 이더리움 생태계를 기본 투자 대상으로 선택했다면, 연계된 레이어2 생태계로 확장하는 것이 효과적인 전략이 될 수 있다.

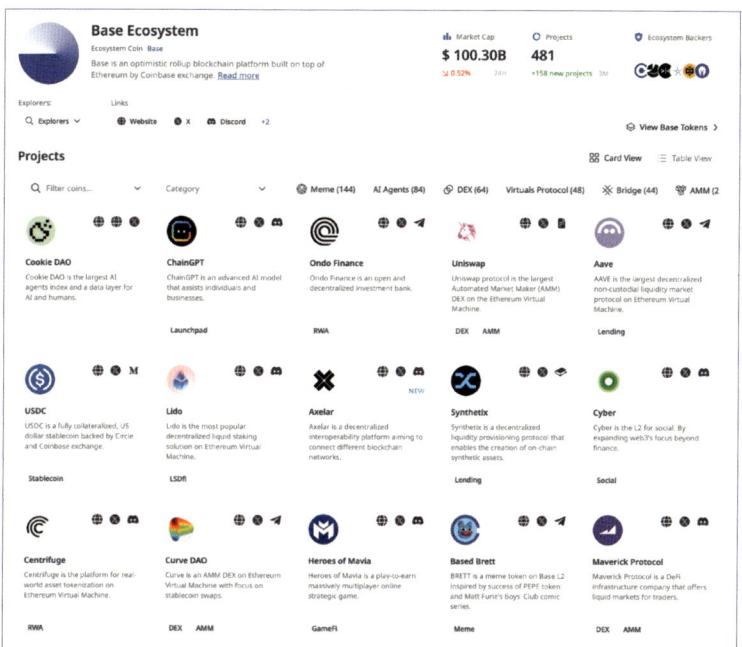

▲ 베이스 생태계 디앱 목록 / 자료 : 크립토랭크

　이더리움 생태계를 메인으로 투자를 시작했다면, 확장 생태계로 베이스 생태계를 선택할 수 있다. 이더리움 레이어2인 베이스는 EVM 호환이 되기 때문에, 기존 이더리움 생태계에서 운영되는 디앱이 동일하게 베이스에서도 활용될 수 있다. 위 그림은 크립토랭크의 베이스 생태계 자료다. 디앱 목록을 보면 유니스왑, 에이브, 리도, 커브(Curve DAO) 등 대표적인 이더리움 기반 디파이 서비스를 확인할 수 있다. 이는 이더리움의 주요 서비스가 그대로 베이스에서도 제공됨을 의미한다.

　이더리움 레이어2 생태계는, 이더리움 메인넷보다 가스비(수수료)가 저렴하고 대출 및 스테이킹으로 거둘 수 있는 이자 수익이 상대적으로 높을 수 있다. 그러나 반대로 유동성이 부족할 리스크가 있으며, 아직 생태계가 완전히 자리 잡지 않은 경우도 많다. 따라서 레이어2 생태계에 투자 시에는 유동성 및 사용자 활동성을 고려하는 것이 중요하다.

정리하자면 투자자는 단일 생태계를 깊이 이해한 후 확장 전략을 고려하는 것이 바람직하다. 이때 EVM 등 프로그램 언어의 호환 여부와 생태계 내 서비스의 연계성을 분석하는 것이 핵심적인 요소라고 할 수 있다.

2024년 11월부터 2025년 2월까지 베이스 레이어2에서 시장의 급등과 급락을 주도한 프로젝트가 존재한다. 바로 버추얼프로토콜(Virtuals Protocol)이다. 버추얼프로토콜은 2025년 2월 기준 전체 암호화폐 시가총액 91위를 기록하고 있다.

다음 그림에서 차트를 보면 짧은 기간 내에 급격한 가격 상승이 있었던 점도 확인할 수 있다. 버추얼프로토콜의 가격 흐름은 2024년 4월까지는 큰 변동이 없었으나, 2024년 11월을 기점으로 시장의 주목을 받으며 단 한 달 만에 가격이 약 10배 상승하여 시가총액 100위권 내에 진입했다. 이후 시장의 높은 관심을 받았으나 큰 조정을 거치면서 2025년 2월 기준으로 가격이 약 1달러 수준을 유지하고 있다.

이더리움 레이어2 생태계는 이더리움 생태계를 파악해두면 보다 전략적으로 접근할 수 있다. 레이어2 생태계를 형성하는 디앱 목록 중 이더리움 메인넷에는 존재하지 않는 디앱을 중심으로 포트폴리오를 구성하는 것이다. 특히 생태계 형성 초기에 진입하면, 시장에서 수익을 극대화할 수 있기도 하다.

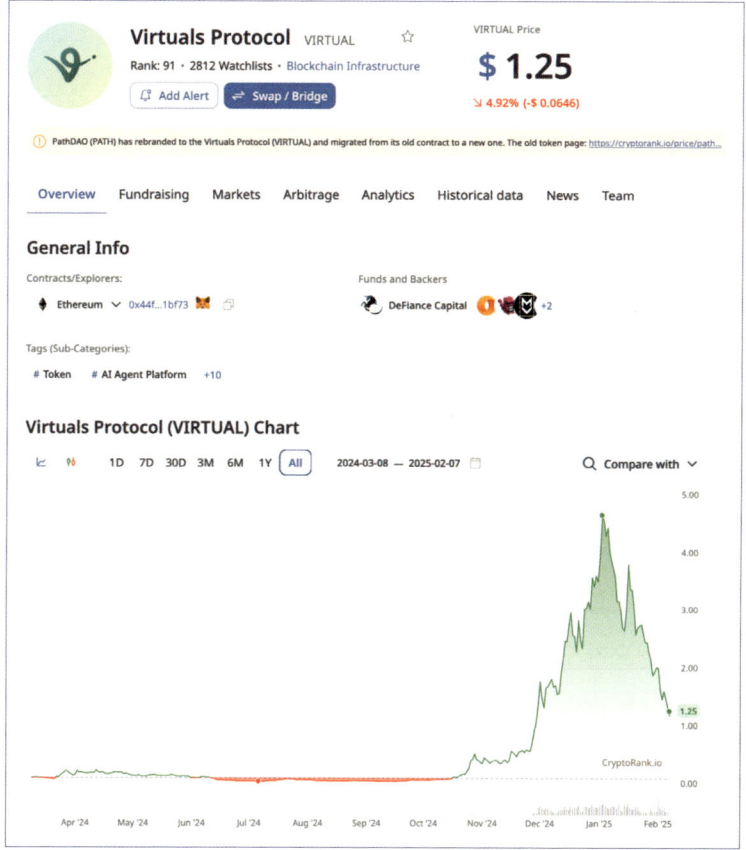

▲ 버추얼프로토콜 정보 / 자료 : 크립토랭크

베이스 생태계의 디앱 목록을 살펴보면, 이더리움 메인넷에는 존재하지 않는 다양한 디앱이 자리하고 있다. 대표적인 예로 하단의

Based Brett이라는 밈코인은 베이스 생태계에서 탄생한 프로젝트이다. 이밖에도 베이스 생태계 내에서 주목받는 밈코인을 선별하여 초기부터 투자했으면 매우 높은 수익을 기대할 수 있었다.

변동성이 가장 작은 자산은 비트코인, 이더리움과 같이 오랜 역사를 지닌 레이어1 코인이다. 반면 레이어2 코인은 상대적으로 변동성이 크며, 레이어2에서 새롭게 출시되는 프로젝트의 토큰은 더욱 높은 변동성을 보인다. 따라서 레이어2 생태계에 집중한다는 것은 초기 단계에서 의미 있는 프로젝트를 발굴하여 투자한 후, 시장의 큰 관심을 받을 때 수익을 실현하는 전략을 실행하는 것을 의미한다. 버추얼프로토콜이 대표적인 사례였다.

알트코인 시장은 트렌드가 급변하기에 새로운 레이어1과 새로운 디앱 서비스들이 시장을 주도했다가 빠르게 사라지는 일이 자주 발생한다. 그렇기에 우리는 비트코인, 이더리움과 같은 안정적인 자산을 메인으로 포트폴리오를 구성한 뒤, 일부 시드를 기타 생태계에 투자할 필요가 있다. 그렇게 수익 실현을 반복하면서 조금씩 시드를 늘려가야 한다.

수익 실현 시에는 원금을 회수하는 것을 최우선 원칙으로 삼고, 그 외에 얼마를 현금화할지를 정해둬야 한다. 예를 들어 보유액의 50%만 현금화하는 원칙을 세울 수 있다. 초기 투자금 1,000만 원이 1억 원으로 증가한 시점이라면, 원금 1,000만 원과 보유액의 50%인 5,000만 원을 현금화한 뒤 나머지 4,000만 원은 지속적으로 보유하는 것이다.

전액 현금화 혹은 전액 보유에 대한 결정은, 해당 프로젝트의 성장 가능성과 시장의 반응, 새로운 투자 메타(Meta)의 등장 여부 등을 종합적으로 분석하여 신중히 내릴 필요가 있다. 또한 아무리 신중한 결정을 내리더라도 예측이 들어맞지 않을 때가 더 많다. 일정한 수익이 났지만 더 큰 수익을 노리다 결국 손해를 보는 것은 일상다반사다. 따라서 수익이 더 발생할 것 같더라도 적당한 시점에서 타협하고, 50% 수익 실현과 같은 원칙을 유지하는 것이 중요하다.

프로젝트 파운더 및
락업 물량 확인

알트코인 초기 투자 시 반드시 확인해야 할 주요 정보로는 사전 투자 규모와 기관 투자자 현황, 파운더 및 팀 정보 그리고 토큰 분배 일정이 있다.

사전 투자 규모를 분석하면 실제 토큰이 출시될 때 가격을 어느 정도 예측할 수 있다. 또한 벤처캐피털 등 해당 프로젝트에 투자한 기관 투자자 정보를 확인하면 프로젝트의 신뢰도를 가늠하는 데 도움이 된다.

파운더 및 팀 정보 역시 중요한 요소다. 창립자의 경력과 암호화폐 업계에서의 인지도를 살펴보면 프로젝트의 지속 가능성과 성장 가능성을 객관적으로 평가할 수 있다.

마지막으로 토큰 분배 일정을 검토하면 초기 투자자 및 팀에 할당된 토큰이 시장에 언제 얼만큼 유통될지를 파악할 수 있다. 특히 초창기 알트코인은 락업(Lock-up)돼 있는 벤처캐피털 물량의 매도 가능 타이밍이 오면 토큰 가격이 떨어지는 경우가 많다. 이런 정보를 염두에 두면 가격 변동성을 미리 대비할 수 있다.

투자자는 이런 분석을 바탕으로 사전에 대략적인 매수·매도 시기와 가격을 계획해두어야 한다. 물론 투자자 현황이나 파운더 정보, 토큰 분배 일정을 알고 있다고 해서 반드시 시장이 예상대로 움직이는 것은 아니다. 그러나 이러한 분석은 최소한의 안전장치 역할을 하며, 보다 신중하고 전략적인 매수 및 매도 결정을 내리는 데 큰 도움이 될 것이다.

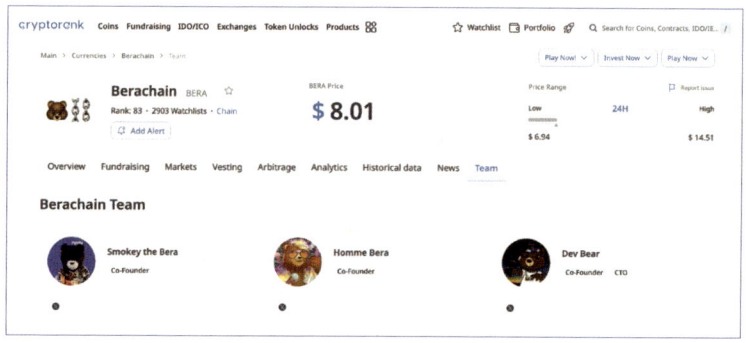

▲ 베라체인 정보 / 자료 : 크립토랭크

크립토랭크 홈페이지에서는 각 프로젝트의 팀 정보 및 벤처캐피털 투자 정보 그리고 락업 물량과 언락(Unlock) 일정을 확인할 수 있다. 투자에 들어가기 전 프로젝트를 검색한 후 정보를 확인하라. 관심 있는 프로젝트가 생길 때마다 이와 같이 조사하여 투자를 결정하면 된다.

위 그림은 2025년 2월에 메인넷 런칭 후 거래소에 상장한 베라체인의 정보다. 프로젝트 개발팀 즉, 파운더(Berachain Team)는 Smokey the Bera, Homme Bera, Dev Bear로 확인된다. 일부 프로젝트의 경우 이처럼 파운더들의 신상이 인터넷에서 사용되는 닉네임과 아이콘으로 되어있기도 하다. 이런 경우 해당 계정이 특출나게 인지도가 있지 않는 한, 상대적으로 신뢰할 수 없는 파운더인 것은 맞다.

이름과 직책 아래에는 해당 신상의 X 계정이나 링크드인 계정 링크가 걸려있다. 암호화폐 정보는 X에서 가장 활발하게 공유되므로, 파운더 X 계정의 활동 내용을 확인하면 그 파운더의 더욱 구체적인 정보를 확인할 수 있다. 특히 관심 있는 프로젝트라면 팀 파운더의 X를 팔로우하여 최신 정보를 지속적으로 업데이트 받기 바란다. 주식시장과 다르게 암호화폐 시장에서는 주요 비즈니스 정보를 파운더의 X 계정에서 직접 공개하는 경우가 많다. 파운더의 X 계정을 자주 확인하면 가장 정확하고 빠른 소식을 접할 수 있다. 가능한 파운더의 X 계좌에 언급된 글들은 모두 읽어보고, 관련된 키워드들의 정보도 검색하여 숙지해두기 바란다.

다음으로 크립토랭크의 펀드레이징(Fundraising) 항목에서는 프로젝트별 기관 투자자 현황과 투자 금액을 확인할 수 있다. 특히 벤처캐피털 투자 규모와 참여한 벤처캐피털의 리스트는 중요한 평가 요소다.

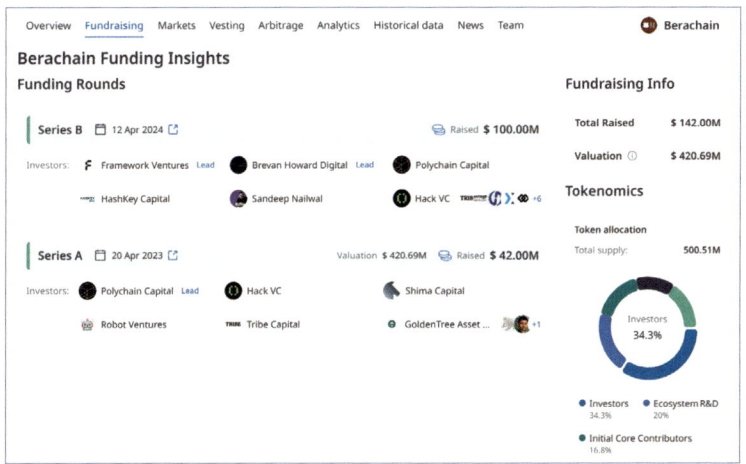

▲ 베라체인 투자자 현황 / 자료 : 크립토랭크

위 그림을 통해 베라체인의 투자 규모를 살펴보자. 시리즈A(Series A) 단계에서 폴리체인 캐피털(Polychain Capital)이 리드 투자자로 참여해 총 4,200만 달러가 유치됐다. 이후 시리즈B(Series B)에서 1억 달러를 추가로 유치하여 총 1억 4,200만 달러의 투자금을 확보했다. 펀딩 정보(Funding Info)에 따르면 실제로도 투자받은 금액(Total Raised)은 1억 4,200만 달러이며, 기업 가치(Valuation)는 4억 2,000만 달러로 평가되었다. 다만 기업 가치는 벤처캐피털의 평가 기준에 따라 차이가 있을 수 있다. 따라서 여기 나온 수치만을 기준으로 판단하기보다는, 벤처캐피털 자체의 신뢰도와 함께 고려하는 것이 중요하다.

다음으로 확인할 부분은 토크노믹스(Tokenomics)다. 이 부분은 프로젝트마다 오픈 시기가 다르므로 제공되지 않는 경우도 있을 수 있다. 베라체인의 경우 프로젝트 출시 직후 토크노믹스가 오픈되었는데, 벤처캐피털 몫이 34.3%, 개발자 몫이 16.8%로 벤처캐피털 및 개발팀에 꽤 많은 물량이 배정된 것을 확인할 수 있다. 이런 경우 토큰 언락 일정을 확인해서 시장에서 언제 벤처캐피털 및 개발팀의 물량이 풀리는지 확인하는 게 중요하다.

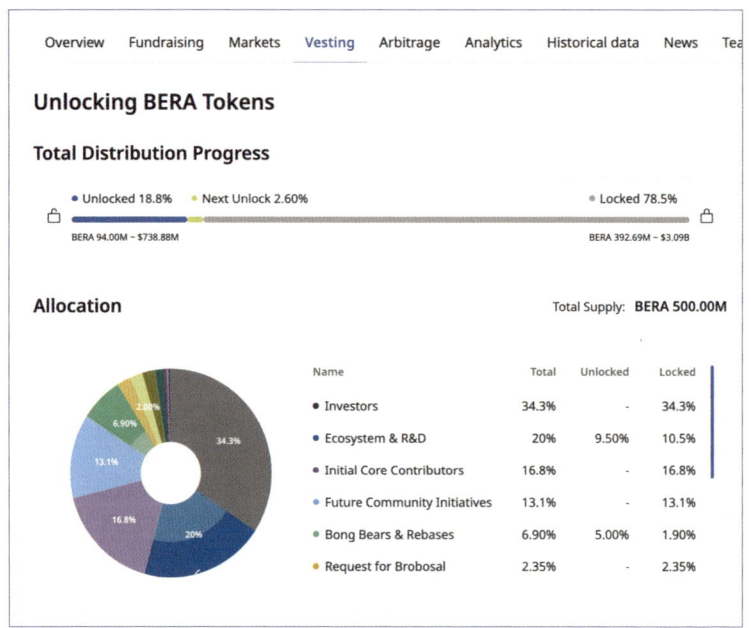

▲ 베라체인 언락 계획 / 자료 : 크립토랭크

크립토랭크의 베스팅(Vesting) 항목에서는 프로젝트별 언락 계획의 확인이 가능하다. 위 그림을 보면 베라체인의 경우 전체 물량의 18.8%(Unlocked)가 이미 시장에 유통되었다. 2.6%(Next Unlock)가 다음 언락 일정으로 예정되어 있고, 78.5%(Locked)는 아직 잠겨있다. 배당(Allocation) 부분에서는 전체 토크노믹스와 잠겨있는 비율도 확인할 수 있다. 투자자 할당(Investors)이 34.3%로 가장 많지만 모두 잠겨있는 걸 확인할 수 있고, 초기 개발자 물량(Initial Core Contributor) 16.8% 역시 모두 잠겨있다.

프로젝트마다 다르지만, 일반적으로 초기 투자자 및 벤처캐피털의 토큰은 점진적으로 시장에 유통된다. 언락 계획은 토큰을 발행할 때부터 공개되기 때문에, 일반 투자자는 토큰 상장 이후 투자자와 초기 개발자가 시장에 큰 물량을 던지는 것을 예상하고 이를 회피할 수 있다. 베라체인의 경우는 독특하게도 잠겨있는 기간이 꽤 길다. 이렇게 잠겨있는 기간이 길면서 시장에 유통되는 토큰이 적거나 없다면 좋은 투자 지표라 볼 수 있다.

Vesting Schedule				Table Timeline Chart
Round	TGE Unlock	Feb 2025		Feb 2026
Investors BERA 171.50M 34.3%	0%	Cliff 1 year		Linear Unlock, 2 years Unlock 0%, $0
Ecosystem & R&D BERA 100.00M 20%	47.5%	Cliff 1 year		Linear Unlock, 2 years Unlock 47.5%, BERA 47.50M
Initial Core Contri... BERA 84.00M 16.8%	0%	Cliff 1 year		Linear Unlock, 2 years Unlock 0%, $0
Future Community... BERA 65.50M 13.1%	0%	Cliff 1 year		Linear Unlock, 2 years Unlock 0%, $0
Bong Bears & Reb... BERA 34.50M 6.90%	72.5%	Cliff 1 year		Linear Unlock, 2 years Unlock 72.5%, BERA 25.00M

▲ 베라체인 언락 일정 / 자료 : 크립토랭크

조금 아래로 내려가면 실질적인 언락 일정(Vesting Schedule)을 확인할 수 있다. 이는 토크노믹스에 명시된 전체 언락 물량이 시장에서 언제, 어떻게 유통되는지를 보여주는 일정표다. 베라체인의 경우, 투자자 물량 34.3%, 초기 핵심 기여자(Core Contributor) 16.8%, 그리고 향후 커뮤니티 인센티브 물량 13.1%가 1년 동안 잠겨있다. 1년 뒤에는 2년에 걸쳐 해당 물량이 선형적으로 풀린다. 'Linear Unlock, 2 years'라고 표시된 부분이 이러한 선형적 유통을 의미한다. 이는 대부분의 프로젝트들이 취하고 있는 베스팅 구조이기도 하다.

베스팅 스케줄 항목 중에는 'TGE Unlock'이라는 열이 있다. TGE는 Token Generation Event의 약어로, 블록체인 프로젝트가 토큰을 발행하는 시점을 의미한다. 그러므로 TGE Unlock은 토큰이 처음 발행되는 시점부터 언락되는 물량을 가리킨다. 베라체인의 경우 전체에서 20%로 배정된 생태계 물량(Ecosystem & R&D)의 47.5%, 전체에서 6.9%로 배정된 봉베어 물량(Bong Bears)의 72.5%가 TGE 시점부터 언락되었다. 일반적으로 시장 유동성을 확보하기 위해 팀 할당 물량이나 다른 할당 물량의 일부가 TGE 시점부터 언락되기도 한다. 경우에 따라서는 100% 언락되기도 한다.

팀 물량 및 투자자 물량의 베스팅 일정을 확인하는 것과 더불어, 추가로 투자자가 고려해야 할 요소가 있다. 프로젝트마다 다르지만 일반적으로 지분증명 합의 알고리즘을 사용하는 경우, 해당 토큰을 스테이킹한 이들을 대상으로 신규 토큰이 지속 발행된다. 이 부분은 크립토랭크 같은 데이터 제공 플랫폼에서는 확인하기 어렵고, 해당 프로젝트의 구조를 보다 면밀히 분석해야 한다. 대다수 프로젝트는 검증인 시스템을 활용하기 때문에, 검증인들이 받는 보상이 얼마인지를 통해 스테이킹으로 발행되는 물량을 추정할 수 있다.

또한 프로젝트 팀 및 벤처캐피털이 보유한 락업 물량이 스테이킹 상태로 놓여있기도 한다. 이를 통해 얻는 연간 수익률은 2~5% 수준이며, 프로젝트 초반에는 더 높은 수익률을 기록할 수도 있다. 하지만 이는 프로젝트마다 다르므로, 직접 해당 프로젝트의 검증인 보상 구조를 확인하는 것이 필요하다. 다만 이러한 추가 보상으로 인해 시장에 유통되는 물량이 크게 증가하는 경우는 드물다. 따라서 투자자는 기본적으로 개발팀 및 투자자가 스테이킹을 통해 추가 이익을 얻는 구조가 있는지 여부를 체크하는 정도로 접근하면 된다.

```
Unlock Events
  Q Filter allocations...

                    Unlock of 161.30K (0.03% of Total Supply)  ~ $1.24M (0.15% of M. Cap)
  May 07 2025       Round                                      % of Allocation
  88 days left        ● Boyco                                  +1.61% (+161.30K tokens)

                    Unlock of 161.30K (0.03% of Total Supply)  ~ $1.24M (0.15% of M. Cap)
  May 08 2025       Round                                      % of Allocation
  89 days left        ● Boyco                                  +1.61% (+161.30K tokens)

                    Unlock of 63.94M (12.8% of Total Supply)  ~ $491.32M (59.6% of M. Cap)
  Feb 06 2026       Round                                      % of Allocation
  363 days left       ● Investors                              +16.7% (+28.58M tokens)
                      ● Ecosystem & R&D                        +8.75% (+8.75M tokens)
                      3 Rounds More ∨
```

▲ 날짜별로 정리한 베라체인 언락 일정 / 자료 : 크립토랭크

크립토랭크 베스팅 일정 제일 하단에는 언락 일정이 날짜별로 정리되어 있다. 이를 통해 다음 언락 물량이 언제, 얼마나 발생하는지를 직관적으로 확인할 수 있다. 이는 토큰의 매수 및 매도 시점을 계획하는

데 유용한 참고 지표가 된다. 위 그림을 보면 베라체인의 경우 2026년 2월 6일에 대규모 물량이 언락될 예정이다. 초기 투자자 및 개발자의 물량이 풀리는 구간이며, 큰 가격 변동성이 있을 것을 예상할 수 있다.

하지만 시장에 개발팀과 초기 투자자의 물량이 풀린다고 해서 무조건 가격이 하락하는 것은 아니다. 오히려 언락 물량이 마켓메이커(Market Maker)로 작용해서 가격이 상승할 수도 있다. 중요한 것은 단순한 공급 증가가 아니라 프로젝트가 지속가능성을 유지하고 있는지, 유저들이 시장에서 이탈하지 않았는지, 트렌드를 계속 유지하고 있는지 등 근본적인 움직임이다.

이러한 핵심 지표가 긍정적이라면, 오히려 대규모 언락 일정이 호재로 작용할 수도 있다. 예를 들어 진입 타이밍을 보고 있던 고래 투자자들이 언락 시점을 신호로 매수에 들어가는 것이다. 개발팀과 초기 투자자가 일정 물량을 매도했음에도 불구하고 가격이 상승한다면, 이는 시장에서 해당 프로젝트에 대한 신뢰가 강하고 수요가 꾸준하다는 신호로 해석될 수 있다.

하지만 투자자로선 여러 가지 시나리오에 대한 계획을 미리 해두고, 매도 시점을 계획해두는 것이 좋다. 정확한 매도 시점과 시장의 상황은 판단하기 어렵기 때문에 대략 팀 물량이 시장에 언락되는 전후 시점을 기준으로 일정 부분 혹은 전체를 매도하는 전략을 진입 시점부터 계획하는 것이 중요하다. 베라체인을 예로 든다면 코인이 상장한 2025년 2월에 매수하였다면 1차 토큰 언락이 이뤄지기 전 2026년 1월이나 2025년 연말에 한 번 정리하는 것이 좋다. 물론 시장 상황 및 비트코인 가격에 따라서 이 전략은 언제든지 바뀔 수 있다.

7-3 가장 신뢰받는 지표, 디파이 TVL

알트코인 투자 시 다양한 지표를 참고할 수 있지만, 그중에서도 가장 신뢰할 수 있는 지표는 디파이 지표다. 디파이는 실제 돈이 예치된 금액을 의미하기 때문에, 투자자들이 어떤 프로젝트를 가치 있게 보고 있는지를 가장 정확하게 알려준다.

디파이 수치는 디파이라마에서 자세한 지표를 확인할 수 있다. 그중에서도 제일 중요한 용어는 TVL이다. TVL은 Total Value Locked의 줄임말로 실제 디파이 서비스에 예치된 모든 금액의 총합을 의미한다.

▲ 전체 디파이 TVL / 자료 : 디파이라마

2025년 2월 기준 전체 디파이 시장의 TVL은 약 1,075억 달러에 이른다. 디파이 시장 역사상 가장 높은 TVL을 기록했던 시기는 2021년 하반기로, 당시 규모는 약 1,780억 달러였다. 두 수치를 비교해 보면 현재의 디파이 및 알트코인 시장은 여전히 추가적인 상승 여력을 지니고 있음을 알 수 있다.

디파이는 암호화폐 시장 중 가장 큰 규모의 유동성이 나타나는 분야다. 타 암호화폐 시장보다 더 빠른 속도로 더 큰 자금이 유입되기에, 잘만 하면 신속하게 수익을 실현할 수 있는 시장이기도 하다. 특히 한번 불이 붙을 경우 중앙화 거래소보다 덜 규제된 구조로 인해, 장기간 암호화폐 시장에 참여해온 투자자들의 자금을 빠르게 끌어오는 경향이 있다. 따라서 디파이 시장의 흐름을 이해하는 것은 알트코인 시장 전반에서 자금이 어느 쪽에 집중되고 있는지, 또 어떤 트렌드가 시장을 주도하고 있는지를 파악하는 데 핵심적인 지표가 된다.

디파이 분석 플랫폼인 디파이라마를 활용하면 TVL 상위 프로젝트, 최근 1개월간의 변화율, 그리고 각 카테고리별 프로젝트 등을 확인할 수 있어 최신 시장 트렌드와 변화 양상을 빠르게 파악할 수 있다. 특히 새롭게 부상하는 레이어1 체인들과 이들을 기반으로 형성되는 디파이 시장의 흐름을 면밀히 분석하는 데 유용하다.

이와 같은 디파이 지표를 참고하면 향후 트렌드를 예측하여, 그를 바탕으로 성장 초기 단계에 있는 유망한 프로젝트에 선제적으로 투자할 수 있다.

전체 디파이 프로젝트들의 TVL 순위를 나타낸 다음 그림을 보도록 하자.

2025년 2월 기준 TVL 1위 디파이 프로젝트는 솔라나 생태계의 리도(Lido)로 TVL은 약 260억 달러에 달한다. 해당 프로젝트는 리퀴드 스테이킹(Liquid Staking) 분야에 속하는데, 이더리움이 지분증명 합의 알고리즘으로 전환함에 따라 이더리움 스테이킹 시장이 크게 성장했고, 이에 따라 리도는 그러한 시장 변화의 최대 수혜자로 부상하였다.

Name		Category	TVL	1m Change
1	Lido 5 chains	Liquid Staking	$26.05b	-19.43%
2	AAVE 13 chains	Lending	$19.851b	-1.88%
3	EigenLayer 1 chain	Restaking	$12.057b	-17.59%
4	ether.fi 2 chains		$6.916b	-16.28%
5	Ethena 1 chain		$6.139b	+4.21%
6	Binance staked ETH 2 chains	Liquid Staking	$5.545b	-13.87%
7	Babylon 1 chain	Restaking	$5.533b	+1.67%
8	Maker 1 chain		$5.216b	-4.17%
9	Pendle 7 chains	Yield	$5.147b	+7.87%
10	Uniswap 30 chains	Dexs	$4.962b	-19.18%
11	JustLend 1 chain	Lending	$4.673b	-21.10%
12	Morpho 9 chains	Lending	$3.77b	+0.60%
13	Jito 1 chain	Liquid Staking	$3.042b	+6.15%
14	Royco Protocol 3 chains	Yield	$2.955b	+190977%

▲ 디파이 TVL 순위 / 자료 : 디파이 라마

    2위는 에이브(AAVE)다. 에이브는 대표적인 이더리움 기반의 예금·대출 서비스로, 카테고리로는 랜딩(Lending)에 속한다. 어떠한 암호화폐 자산도 예금할 수 있고 예금을 기반으로 대출을 일으킬 수 있는 서비스다. 그림에서 에이브 로고 아래에 '13 chains'라고 작게 표시된 걸 확인할 수 있다. 에이브가 서비스되고 있는 체인들의 숫자다. 이더리움을 포함한 대부분의 레이어2 체인에서 에이브 서비스가 활용되고 있기 때문에 숫자가 상당하다.

    3위인 아이겐레이어는 스테이킹된 ETH를 재스테이킹하는 서비스로 디파이 시장에 출현한 것은 최근이다. 4, 5위 역시 이더리움 기반의 디파이 서비스다. 6위는 바이낸스 체인의 서비스인데, 유동화된 이더리움을 BNB 생태계에서 활용하는 서비스다. 물론 이더리움 외에 BNB 체인 자산과 기타 스테이킹된 자산들도 모두 활용할 수 있다.

시총 7위는 바빌론(Babylon)이라는 비트코인 네트워크 기반의 디파이 서비스다. 비트코인 네트워크 기반의 디파이 서비스는 2024년 하반기부터 새롭게 등장한 트렌드다. 비트코인은 작업증명 합의 구조를 갖고 있기에 스테이킹 개념이 없으나, 비트코인도 스테이킹하여 추가 수익을 얻을 수 있게 하자는 아이디어에서 새롭게 출시됐다. 출시 후 단숨에 TVL 7위까지 올랐기 때문에 시장에서 비트코인을 활용한 스테이킹 시장이 트렌드를 이끌고 있다고 파악할 수 있다. 2024년 2월 기준 바빌론 체인은 아직 거버넌스 토큰을 런칭하지 않았으나, 그럼에도 불구하고 TVL 7위까지 오른 건 시장의 기대감이 반영된 증거이기도 하다.

8위는 메이커다오(MakerDAO), 9위는 팬들(Pendle), 10위는 대표적인 탈중앙화 거래소인 유니스왑(Uniswap)이다. TVL 상위 10위권 내 프로젝트를 분석해보면, 바빌론을 제외한 모든 프로젝트가 이더리움 기반으로 구축되어 있다. 이와 같은 사실은 이더리움이 기술적 안정성과 보안 측면으로 볼 때 여전히 디파이 시장에서 가장 신뢰받는 블록체인 플랫폼임을 방증한다. 디파이 시장은 구조적으로 보안 위협에 취약한 특성을 지니고 있다. 일단 해킹이 발생하면 예치된 자산을 회수하는 것이 사실상 불가능하기 때문에, 디파이 프로젝트는 무엇보다도 견고하고 안전하게 설계되어야 한다.

2025년 2월 기준 디파이라마 데이터에 따르면 TVL 14위에 위치한 로이코프로토콜(Royco Protocol)은 최근 한 달 동안 무려 190,977%라는 폭발적인 성장률을 기록했다. 로이코프로토콜은 2025년 2월에 메인넷을 출시한 베라체인 기반의 디파이 프로젝트 중 하나로, 이러한 극단적인 수치는 해당 프로젝트가 시장 내에서 급부상하는 새로운 트렌드임을 시사한다.

이처럼 디파이라마에서 최근 일주일 또는 한 달간 TVL이 급성장한 디파이 프로젝트를 모니터링하고 해당 프로젝트가 성장한 배경을 추가로 분석한다면, 시장에서 아직 주목받지 못한 초기 단계의 유망 프로젝트에 선제적으로 투자할 수 있다. 이는 고수익을 추구하는 초기 투자자에게 매우 유용한 접근 방식이다.

Overview	Name	Protocols	1m Change	TVL
Chains	1 Ethereum	1287	-13.16%	$57.216b
Bridged TVL	2 Solana	197	+2.74%	$9.134b
Compare Chains	3 Bitcoin	53	+2.07%	$6.738b
Airdrops	4 Tron	34	-23.00%	$5.618b
Treasuries NEW	5 BSC	840	-9.40%	$5.026b
Oracles	6 Base	443	-13.38%	$3.111b
Forks	7 Arbitrum	760	-8.93%	$2.734b
Top Protocols	8 Berachain	8		$1.552b
Comparison	9 Sui	52	-23.11%	$1.434b
Protocol Expenses	10 Avalanche	422	-6.46%	$1.262b
Token Usage				
Categories				
Recent				
Languages				

▲ TVL에 따른 디파이 생태계 순위 / 자료 : 디파이라마

위 그림은 디파이라마에서 Chains 항목을 선택하면 확인할 수 있는 페이지다. 디파이 TVL에 따른 블록체인 생태계 순위가 매겨져 있다. 생태계별 디파이 프로젝트 수와 지난 1개월간 규모 변화를 확인할 수 있고, 이외에도 다양한 지표를 확인할 수 있다.

TVL 1위는 이더리움이고 2위는 솔라나, 3위는 비트코인, 4위는 트론, 5위는 BSC(BNB 체인), 6위는 베이스, 7위는 아비트럼, 8위는 베라체인, 9위는 수이, 10위는 아발란체다. 각 체인별 TVL을 확인할 수 있고 최근 1개월 성장 변화도 확인할 수 있다.

투자할 생태계를 선택할 때도 이러한 정보를 참조할 수 있다. 위에서 살펴본 정보를 바탕으로 신규 체인을 선택한다면 베라체인이 좋은 선택지가 될 수 있다. TVL은 8위인데 아직 프로젝트가 8개밖에 없으므로 성장 가능성이 높게 평가될 수 있는 것이다. 그보다 더 아래에 있는 순위를 살펴보면 성장하고 있는 다양한 체인들을 선별할 수 있다.

그러나 실제 디파이에 큰 금액을 예치할 때는 상위 체인들 위주로 예치하는 것이 좋다. 그래도 짧은 기간 내에 큰 수익을 내길 원한다면 조금 아래의 체인 중에서 성장성이 높이 기대되는 체인을 선택하는 것이 좋다.

7-4 알트코인 투자 시 유의사항

알트코인 투자는 다양한 방식으로 이루어질 수 있다. 기본적인 현물 매수 및 매도 외에도, 선물 거래 및 디파이를 활용한 투자 방식이 존재한다. 각 투자 방식은 구조와 특성이 상이하므로, 이에 따른 투자 원칙과 유의 사항 또한 다르게 적용되어야 한다. 더불어 암호화폐 시장은 끊임없이 변화하는 특성을 지니고 있어, 시장 환경에 따라 기존의 원칙과 전략을 수정하거나 재정립할 필요가 있다. 여기서는 알트코인 투자 시 기본적으로 고려해야 할 핵심 원칙과 유의사항을 정리하고자 한다.

가장 중요한 첫 번째 원칙은 바로 종목 선정의 중요성이다. 알트코인은 분야 및 기술적 기반, 생태계 발전 단계 등에 따라 단기 투자에 적합한 종목과 장기 보유가 가능한 종목으로 구분될 수 있다. 장기 투자 측면에서 볼 때, 비트코인은 수년 혹은 수십 년 단위로 보유가 가능한 대표적인 자산이지만, 알트코인은 그렇지 않다. 보통 알트코인의 보유 주기는 1년 이내, 장기 투자라고 해도 2~3년 정도가 적절하다고 평가되며, 이조차도 프로젝트의 성격과 시장 상황에 따라 더 짧아질 수 있다.

따라서 알트코인 투자는 비트코인 투자보다 높은 수준의 분석력과 판단력을 요구하며, 투자 종목에 대한 철저한 시장 조사와 기술적 검토, 팀의 역량 검증, 생태계 확장성에 대한 분석이 선행되어야 한다. 또한 시장 흐름이 급변할 경우에는 종목 변경 및 손절과 같은 과감한 전략 전환이 필요할 수 있다. 이는 알트코인 투자가 높은 수익 가능성과 동시에 높은 리스크를 동반한다는 점을 시사한다.

일반적으로 장기 투자에 적합한 알트코인 종목은 레이어1 블록체인 코인인데, 시장 트렌드에 크게 영향을 받지 않는 비교적 안정적인 프로젝트들에 해당된다. 대표적인 예로는 이더리움, 솔라나 등이 있다. 이들 프로젝트는 이미 시장에서 기술적 안정성과 확장성, 생태계 구축 측면에서 검증을 받았다. 생태계 참여자와 활용 사례도 풍부하여 단기간에 사라질 가능성이 낮다.

레이어1은 아니지만 장기 투자 대상으로 고려할 수 있는 프로젝트도 존재한다. 예를 들어 이더리움 기반의 대표적인 탈중앙화 거래소인 유니스왑, 예치 및 대출 서비스를 제공하는 에이브, 그리고 탈중앙화 데이터 오라클 솔루션인 체인링크 등이 이에 해당한다. 이들 프로젝트는 명확한 유틸리티와 시장 내 수요가 존재하므로 중장기적인 투자 대상으로 분류할 수 있다. 다만 이들은 레이어1 블록체인보다 상대적으로 변동성과 위험성이 높을 수 있으므로, 장기 투자 시에는 지속적인 관찰이 요구된다.

반면 시장의 트렌드를 선도하는 종목들은 전형적으로 수명이 짧은 특성을 지닌다. 어떤 프로젝트는 단기간, 즉 1개월 내외의 급격한 상승 후 곧장 하락하는 경우도 있다. 일반적으로 3~6개월, 길어야 1년 정도의 투자 유효 기간을 가진다.

이러한 종목에 투자할 경우 수익 실현 시점을 1년 이내로 설정하고, 수익을 확보한 뒤에는 과감하게 다른 종목으로 포트폴리오를 전환하는 전략이 필요하다. 트렌드 기반 종목은 빠른 판단과 결단이 수익과 손실을 좌우한다. 투자 타이밍을 놓치면 해당 코인은 디지털 자산으로서의 가치를 잃고, 사실상 '디지털 쓰레기'로 전락할 가능성이 높다는 점을 반드시 인식해야 한다.

결론적으로 장기 투자에 적합한 종목과 단기 수익 실현을 목표로 한 트렌드형 종목은 그 성격과 리스크, 수익 구조가 다르므로, 각 종목의 특성에 따라 매수 및 매도 시점, 투자 기간, 포트폴리오 비중 등을 차별화해야 한다.

알트코인 투자 시 반드시 고려해야 할 두 번째 원칙은 충분한 시드 자금 확보와 유동성 유지다. 알트코인 시장은 변동성이 매우 크며, 하루에도 수많은 신규 프로젝트와 코인들이 쏟아져 나온다. 이러한 시장에서는 항상 새로운 기회가 넘쳐나지만, 그 기회는 짧은 시간 내에 사라지기도 하므로 기민한 대응을 할 수 있어야 된다.

따라서 알트코인 투자에 있어 가장 중요한 전제 중 하나는 언제든지 시장에 진입할 수 있는 충분한 시드 자금을 확보하는 것이다. 알트코인 시장은 트렌드 변화에 민감하고 주기가 빠르게 돌아가기 때문에, 유망한 프로젝트가 등장했을 때 신속하게 투자에 나설 수 있는 준비가 되어 있어야 한다. 너무 좋은 기회가 포착됨에도 불구하고 모든 자금이 이미 투자되어 있는 상태라면, 이러한 기회를 살릴 수 없다. 이는 급변하는 시장의 흐름에서 점점 멀어지게 되는 결과를 초래할 수 있다.

또한 알트코인 투자는 장기적인 관점과 단기적인 관점을 병행하는 혼합 포트폴리오 전략이 효과적이다. 장기적으로 보유할 수 있는 핵심 알트코인 종목에 시드 상당량을 투자하되, 단기적으로 유망한 프로젝트에 일부 투자하여 빠르게 수익을 실현한 뒤 시드를 다시 확보하는 순환적 전략이 유용하다. 이와 같은 전략은 유동성을 유지하면서도 안정적인 포트폴리오 성장을 도모할 수 있게끔 한다.

언제든 새로운 투자 기회가 발생했을 때 이에 도전할 수 있는 자금적 여유가 남아있게 하려면 어떡해야 할까? 투자자의 재무 상황에 따라 다를 수 있으나, 평상시에는 최소 30% 수준의 현금성 자산을 보유해두는 것이 바람직하다. 가능하다면 50%는 현금성 자산, 50%는 투자 자산으로 자금을 배분하는 것이 이상적이다.

결국 기회를 살리는 것은 준비된 투자자뿐이다. 충분한 시드를 보유한 투자자만이 장기적 관점에서 알트코인 시장의 기회들을 꾸준히 활용할 수 있다. 유동성 확보는 단기 수익을 위한 수단일 뿐만 아니라, 시장이 급변할 때 손실을 최소화하고 다음 기회를 잡기 위한 핵심 방어 수단이기도 하다.

알트코인 투자 시 반드시 염두에 두어야 할 세 번째 원칙은 해킹에 대한 철저한 대비이다. 일반적으로 많은 투자자들이 중앙화 거래소를 통해 암호화폐 투자를 진행한다. 비트코인과 같은 주요 자산은 국내 거래소를 통해서도 충분히 매매할 수 있는 것이 사실이다. 그러나 대부분의 신규 알트코인은 해외 거래소에서 우선 상장되므로, 알트코인 투자자는 해외 거래소의 활용이 필수적이다.

해외 거래소를 사용할 경우 보통 스테이블코인(USDT, USDC 등)으로 자금을 예치하게 되며, 이 과정에서 보안 리스크에 노출될 수 있다. 거래소 자체가 해킹당하는 사례도 존재하지만, 더 흔한 사례는 개별 투자자의 계정 정보 및 하드웨어가 해킹당하는 경우다. 이는 주로 보안 설정 미흡, 피싱 링크 접속 또는 반복된 패스워드 사용 등의 이유로 발생한다.

코인 투자자라면 일반적인 웹 이용자보다 높은 수준의 보안 원칙을 지켜야 한다. 기본적으로는 이메일 인증, 전화번호 인증, OTP(일회용 비밀번호) 설정을 반드시 진행해야 하며, 가능하다면 스마트폰의 Face ID 또는 생체 인식 기술을 추가로 연동해 다중 인증 체계를 구성하는 것이 권장된다. 더불어 자금을 한 거래소에 집중시키지 말고 여러 거래소에 분산 예치하는 전략도 중요하다. 자산을 다양한 플랫폼에 분산 보관하는 습관은 한번 해킹을 당하더라도 그 피해를 현저히 줄여준다.

중앙화 거래소의 경우 시스템 보안이 상대적으로 강력하게 구축되어 있어 해킹 위험은 낮은 편이다. 가장 빈번하게 해킹이 발생하는 영역은 개인지갑, 특히 디파이를 연동한 지갑이다. 단순히 개인

지갑에 암호화폐를 보관할 경우 해킹 가능성은 낮지만, 디파이 서비스를 이용하면 스마트컨트랙트 취약점이나 피싱 공격 등을 통해 해킹에 노출될 수 있다.

따라서 디파이 투자 시 다음과 같은 기본적인 보안 수칙을 철저히 준수해야 한다. 비밀키와 니모닉키(Mnemonic, 계정 소유를 인증하기 위한 10~20개의 단어 묶음) 등은 절대 디지털 형태로 저장하지 않는다. 특히 클라우드, 메모장, 이메일 등에 저장하는 것은 매우 위험하다. 비밀번호 관리는 모두 오프라인 환경에서 이루어져야 하며, 종이에 기록해 안전한 장소에 보관하는 것이 바람직하다.

인터넷과 연결되지 않는 환경에서 지갑 정보를 관리하는 것은 해킹을 원천적으로 차단하는 가장 효과적인 보안 방식이다. 이를 위해 콜드월렛(Cold Wallet) 사용을 권장한다. 콜드월렛은 인터넷에 연결되지 않은 하드웨어 지갑으로, 해킹 위험을 원천적으로 차단할 수 있다. 디파이 이용 시 다소 불편할 수 있으나, 특히 보안에 익숙하지 않은 일반 투자자라면 콜드월렛 사용을 고려해야 한다. 큰 금액을 운용하든 작은 금액을 운용하든 한 번의 실수가 전 재산의 손실로 이어질 수 있다는 점을 항상 유념하기 바란다.

알트코인 졸업자의 마인드

비트코인이 아닌 알트코인에 투자하는 가장 큰 이유는 높은 수익률에 대한 기대감이다. 그러나 대부분의 투자자들은 수익 가능성을 중심으로만 투자 결정을 내려, 손실 가능성에 대한 대비 없이 투자를 진행한다. 결국 큰 손실을 경험하고 시장에서 이탈하는 경우가 많다. 많은 이들이 알트코인 투자를 통해 경제적 목표를 달성하는 '졸업'을 꿈꾸지만, 실제로는 시장 중도 이탈, 즉 '퇴학'과 같은 결과를 맞이하게 되는 이유다.

투자자들이 시장에서 퇴학될 때는 꼭, 무리한 투자 또는 시장의 흐름과 무관한 감정적 투자가 동반된다. FOMO(Fear of Missing Out, 기회 상실에 대한 두려움)를 느끼는 투자자들은 냉철한 분석 없이 투자에 나서거나, 검증되지 않은 전문가 또는 인플루언서의 의견을 맹목적으로 신뢰하고 해당 코인에 자금을 투입하는 경우가 많다. 이러한 방식은 초기에는 일시적인 수익을 가져다 줄 수 있으나, 시간이 지나면서 대부분 손실로 귀결되는 경우가 많다. 결국 이는 단기간 내 빠른 성과를 얻고자 하는 조급함과 체계 없는 투자 접근 방식이 만들어낸 결과라 할 수 있다.

따라서 알트코인 투자에 있어 가장 중요한 원칙은 감정에 휘둘리지 않는 냉철한 판단력과 명확한 원칙에 기반한 전략적 접근이다. 손실을 피하고 꾸준히 자산을 축적할 수 있는 방향으로 투자 여정을 설계해야만 졸업이라는 투자 목표에 보다 가까워질 수 있다.

어린 시절을 떠올려보자. 초등학교 1학년이 되었을 때, 입학하자마자 졸업을 고민하는 경우는 드물다. 2, 3학년이 되어서도 졸업은 아직 현실적인 관심사가 아니다. 단지 막연히 '졸업하면 중학생이 되겠지'라는 생각은 하지만, 그 시점을 앞당기기 위해 조급해하지는 않는다. 매일 학교에 다니며 친구들과 어울리고 새로운 것을 배우는 일상이 반복되다 보면, 어느 순간 졸업의 순간이 다가온다. 그렇게 초등학교를 졸업하고 중학교와 고등학교, 대학교까지 자연스럽게 과정을 밟아간다. 대부분은 입학 당시부터 졸업을 구체적으로 계획하지 않았지만, 과정에 충실했기에 졸업이라는 결과를 맞이할 수 있었던 것이다.

알트코인 투자 역시 이와 유사하다. 아무리 간절하게 졸업을 꿈꾸더라도, 이를 조급하게 서두를 경우 오히려 시장에서 조기 퇴출되는 결과를 초래할 수 있다. 졸업은 과정이 쌓이면 자연스럽게 도달하는 결과이며, 꾸준하고 성실한 투자 과정을 통해 누구나 도달할 수 있다. 물론 개인의 목표 수익률이나 자산 목표에 따라 그 시점이 앞당겨질 수도 있고, 시장의 흐름을 잘 읽어 유리한 기회를 선점한 투자자는 보다 빠른 졸업이 가능하다. 그러나 조급함은 오히려 졸업을 멀어지게 만든다.

시장을 깊이 있게 이해하고 그 속에서 나만의 투자 스타일을 찾아가는 과정이 중요하다. 다양한 투자 방식을 경험하고 스스로에게 가장 잘 맞는 전략을 터득했을 때, 비로소 손실이 있더라도 자산 총액이 줄지 않는 '안정기'에 진입하게 된다. 그리고 어느 순간 포트폴리오 중 일부가 예상치 못하게 폭발적인 수익을 가져오는 시점이 도래한다. 이는 특정 코인에 대한 완벽한 예측이나 계획에 따른 결과라기보다는, 시간에 걸쳐 축적된 투자 경험과 시장 이해에서 비롯된 자연스러운 결실인 경우가 많다.

결국 졸업에 도달하는 지름길은 자신에게 가장 적합한 투자 방식을 찾아내는 것이다. 투자에는 정해진 길이 없으며, 그 길은 사람마다 다르다. 각 사람은 자금 수준, 사고방식, 통찰력, 투자 환경, 접근 가능한 네트워크 등이 모두 다르기 때문이다. 시장 상황은 동일하더라도, 그 상황을 해석하고 대응하는 방식은 투자자마다 상이하기에 모든 이에게 동일하게 적용되는 투자 전략은 존재하지 않는다.

어떤 투자자는 트레이딩에 강점을 가질 수 있고, 어떤 투자자는 장기 보유에 적합할 수 있다. 비트코인만으로도 안정적인 수익을 올리는 투자자가 있는가 하면, 알트코인에 특화된 전략으로 성공하는 투자자도 있다. 에어드랍 중심의 수익 모델을 활용하거나, 밈코인에 집중하여 수익을 실현하는 투자자도 존재한다. 다양한 알트코인에 분산 투자하여 안정성과 수익성을 동시에 확보하는 방식도 유효하다. 이처럼 성공적인 투자 방식은 개인마다 다를 수밖에 없다.

알트코인은 큰 변동성을 통해 단기간 내 높은 수익률을 실현할 수 있는 기회를 제공한다. 물론 손실 가능성 또한 그에 비례해 크다. 따라서 핵심은 손실을 최소화하고 지속 가능하고 장기적인 수익 곡선을 그려갈 전략을 수립하고 실천하는 것이다. 미래를 정확히 예측할 수는 없지만, 예측이 틀렸을 때 리스크 관리를 통해 시드를 보존하며 장기적으로 수익을 축적해 나가는 것은 충분히 가능하다. 시장의 흐름에 따라 일시적으로 멈추기도 하고 때로는 큰 수익을 올리기도 하는 것, 바로 이것이 알트코인 시장의 진리이다.

따라서 투자자는 졸업이라는 결과보다 '지금 이 순간'에 집중하는 자세가 필요하다. 매일의 학교생활처럼 투자도 그날그날의 판단과 실천이 쌓여 하나의 결과를 만들어낸다. 지금 당장의 수익률이 크지 않더라도 작은 수익을 꾸준히 관리하고, 무엇보다 손실을 철저히 통제하는 태도가 중요하다. 시드를 지속적으로 늘려나가는 것을 우선적인 목표로 삼아야 하며, 만약 자금이 줄어들었다면 반드시 그 원인을 면밀히 분석하고 동일한 실수를 반복하지 않도록 투자 습관과 전략을 개선해야 한다. 이러한 과정을 통해 투자자는 매일 조금씩 성장하게 되고, 그러다 보면 어느 순간 자신이 졸업에 가까워졌음을 실감하는 시점이 찾아오게 된다.

이 책을 읽는 독자 여러분 중에서 많은 분들이 성실한 투자 과정을 통해 졸업의 순간을 맞이하길 진심으로 바란다. 그리고 그렇게 졸업한 분들의 경험이 블로그나 SNS를 통해 공유되어, 또 다른 투자자들에게 귀중한 길잡이가 되기를 기대한다. 당신의 졸업은 그저 당신 개인의 성취에서 그치지 않고, 다음 세대 투자자에게 길을 비춰주는 중요한 이정표가 될 수 있다.

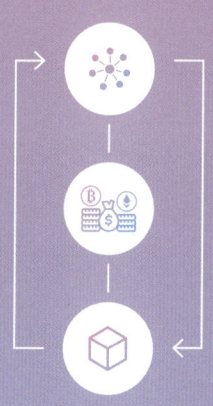

알트코인으로 졸업합니다

초판 1쇄 발행 2025년 5월 15일
초판 2쇄 발행 2025년 7월 25일

지은이	김동환
펴낸이	이종문(李從聞)
펴낸곳	국일증권경제연구소
등 록	제406-2005-000029호
주 소	경기도 파주시 광인사길 121 파주출판문화정보산업단지(문발동)
사무소	서울시 중구 장충단로8가길 2, 2층
영업부	Tel 02)2237-4523 ǀ Fax 02)2237-4524
편집부	Tel 02)2253-5291 ǀ Fax 02)2253-5297
평생전화번호	0502-237-9101~3
홈페이지	www.ekugil.com
블 로 그	blog.naver.com/kugilmedia
페이스북	www.facebook.com/kugilmedia
E-mail	kugil@ekugil.com

• 값은 표지 뒷면에 표기되어 있습니다.
• 잘못된 책은 구입하신 서점에서 바꿔드립니다.

ISBN 978-89-5782-237-1 (03320)